U0565584

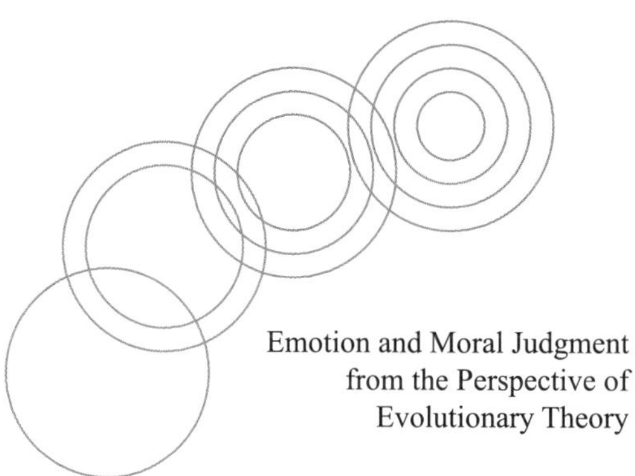

Emotion and Moral Judgment from the Perspective of Evolutionary Theory

进化论视野下的情感与道德判断

蔡蓁 著

上海三联书店

内容提要

进化论自从提出以来，在解释人类生命的生物特性上都表现出强大的力量。人类的许多生理、心理和行为特征都可以被解释为适应性特征，它们使人类在自然选择的过程中能够最好地适应环境。许多心理学家和生物学家进而把进化论的理解也推进到道德领域，发展出进化论伦理学的研究。本书正是在这种伦理学与进化论联姻的视角下，聚焦于人类道德最独特也是最根本的一种能力——道德判断的能力，批判性地考察诉诸进化论，并结合心理学和神经科学的研究建立起对道德判断的情感主义解释模型，即社会直觉主义模型和双重进程模型。基于这些解释模型中存在的问题，为了准确地理解情感之于道德判断的重要性，本书进一步探讨了情感的本质，以及情感主义解释与道德先天论之间的张力。本书试图表明：演化虽然赋予了我们一些基本的情感倾向，也在我们的某些道德思考、情感和行为中扮演了重要角色，但是认为人类的情感就是演化的产物，是有失偏颇的，强调情感在道德判断中的作用也并不必然预设道德先天论的观点，我们可以借助于心理学、神经科学、文化人类学上的多种研究证据，尝试对情感机制做出更为厚实的理解，并对情感与理性在产生道德判断的过程中的迭代互动做出更具整全性的解释，也为基于这种解释发展出一些元伦理学上的观点奠定更为坚实的基础。

Abstract

Evolutionary theory has shown considerable explanatory power in accounting for the biological features of human life. A variety of our physiological, psychological, and behavioral traits can be explained as adaptive traits that make us best suited to the environment during the process of natural selection. Some evolutionary biologists and psychologists go further and claim that morality is also a product of natural selection, and establish the area of evolutionary ethics. From the perspective of interdisciplinary study of ethics and evolutionary theory, this book mainly focuses on the capacity of making moral judgement that is unique to human beings, critically examining two sentimentalist explanatory models of moral judgment appealing to evolutionary theory, that is, social intuitionist model and dual-process model. In order to reveal the problems of these models, the nature of emotion, and the tension between sentimentalism and moral nativism are further explored.

In the end, the alternative sentimentalist approaches to moral judgement without appealing to evolutionary theory are also introduced. In conclusion, even though evolution does play an important role in some of our moral thinking, emotion and behavior, it's untenable to assume emotion is the product of evolution, and emphasizing the importance of emotion in moral judgment does not necessarily commit to the moral nativism.

目　录

序　言

自从达尔文的《物种起源》发表以来，进化论在解释人类生命的生物特性上都表现出强大的力量。人类的许多生理、心理和行为特征都可以被解释成为适应性特征，它们使人类在自然选择的过程中能够最好地适应环境。在达尔文生物学成就的鼓舞下，许多心理学家和生物学家把进化论的理解推进到历来被认为是人类所独有的领域——道德领域，试图论证道德也是演化的产物。

许多进化生物学家和进化心理学家都试图沿袭达尔文的思路，把自然选择作为道德产生的终极动力机制。而要论证道德是自然选择的产物，是适应性变化的结果，就需要回答究竟是什么样的选择压力驱使了道德的演化，即拥有道德特征的个体较之于并不拥有道德特征的个体，在生存和繁衍上为什么是更具优势的。在回答这个问题的时候，进化生物学家们遇到的一个明显的难题就是“利他主义悖论（altruistic dilemma）”。

从自然选择的演化视角来看，生物圈中的每个有机体都处于残酷的生存竞争中，它们似乎理所当然地应该为了提升自己的存活和繁衍机会来行动。但是令人不解的是，在包括人类在内的动物王国中，尤其是有着复杂社会结构的物种中，我们却看到大量的利他行为。例如，吸血蝙蝠会将吸食的血液分给那些饥饿的同伴，土拨鼠会冒着生命危险警示同伴有老鹰来临，无法生育的工蚁会贡献生命照料蚁后、守护蚁巢等等。进化生物学家们把这类行为称之为生物利他主义行为，即以牺牲自己利益为代价而有助于他者利益的行为，这里的代价和利益都是根据繁衍成就，也就是预期的后代数量来衡量的。在动物做出利他行为的时候，它自身的适应性明显降低，因此相对于一个自私的动物来说就会处于选择劣势。设想一只土拨鼠在看到老鹰的时候发出警报，而它的同伴却没有这样做，那么在其他条件相同的情况下，自私的土拨鼠就会比利他的土拨鼠具有生存优势，因为它既没有将自己置于危险的境地，却又可以受益于同伴的警报。因此，我们应该指望自然选择会青睐那些并不发出警报的土拨鼠。但是这就提出了一个难题：报警的行为最开始是怎么演化出来的？在生物圈中广泛存在的利他主义行为如何能够与达尔文主义的基本原则相调和？

为此，一些解释道德演化的适应论模型被建构出来，如亲缘选择（kin selection）、互惠利他主义（reciprocal altruism）、间接互惠利他主义（indirect altruism）、群体选择（group selection）、群体惩罚（group punishment）、名声选择（reputation selection）等模型。按照这些模型，利他行为虽然会对生物体的繁衍成就造成损害，但是这种损害会通过各种方式得到补偿，例如在亲属（他们和自己分享着相同或相似的基因）身上产生益处，或者在将来得到曾经受益于自己的人的回报，或者有益于自身声望的提升，从而有机会从更多的社会合作中受益，等等。不过，值得注意的是，利他的行为和倾向只是人类道德的一部分，而且是与许多社会性动物所共享的部分，而人类道德的独特之处，同时也是最核心的部分则在于做出道德判断的能力，即根据一些关于行为和情感的规则，对行为以及行动者的是非善恶做出规范性的评价的能力。利他的行为和倾向正是因为它们与道德判断的相关性而具有了道德上的重要性，而如果没有道德判断的话，这些行为和情感不过是一些和其他动物共享的原始形态的道德而已。

那么，人类做出道德判断的能力又是从何而来呢？一种可能性是人们在社会化的过程中学习到各种基本的道德规则，再将这些规则运用到具体的情境中，经由慎思的过程，对行动以及行动者的恰当性做出评判。而另一种可能性则是人们天生就具有道德判断的能力，如同我们可以用视觉分辨色彩，用嗅觉辨识气味一样，我们也有与生俱来的“道德感”来分辨对错。这两种可能的回答在哲学上都有悠久的历史。前者可以被称为道德判断的理性主义解释，认为我们是通过纯粹的推理过程得出道德判断，这涉及将一般的道德原则应用到具体的场景，对不同的证据进行反思权衡等认知控制的过程。而后者则对应于道德判断的情感主义解释，认为是情感引出了道德判断，我们的处境在我们身上激发出了情感反应，我们根据这些情感是积极还是消极来对事情的是非对错做出决断。

这两个阵营的哲学家在历史上往往是诉诸个人观察或思想实验来论证自己的立场。但是，当代进化生物学、进化心理学和道德心理学的发展则为这个争论带来了基于经验研究的证明。许多这方面的研究都表明情感在道德判断中扮演了重要角色，情感不仅引发了道德判断，而且也是道德判断的本质特征之一。从进化论的角度来看，由强烈情感所支持的迅速的、直觉的判断很有可能是应对紧迫处境的适应性产物。沿着这个角度，许多道德心理学上的研究也是从先天论的预设出发的，目的是表明人类相信他们正在使用的、有意识的推理在道德判断中实际上并非是决定性的。相反，起决定性作用的是我们大多数情况下都没有觉察到的先天倾向。本书所要针对的正是这种从演化的观点出发，对道德判断的来源和本质做出的先天论的解释。我试图论证：演化虽然赋予了我们一些基本的情感倾向，它们也在我们的某些道德思考、情感和行为中扮演了重要角色，但是认为人类的情感就是演化的产物则是站不住脚的。进而，强调情感在道德判断中的作用也并不必然像早期的情感主义者那样预设道德先天论的观点。

本书将在前两章中勾勒进化论伦理的基本图景，第一章将追溯进化论与伦理学联姻的历史进程，剖析这一领域中不同的问题层面。第二章将着重探讨解释人类利他行为和利他心理的几种适应论模型。第三章将转入人类道德中一个更根本的问题，即道德判断的问题，厘清道德判断的基本特征，并引入传统上解释道德判断的理性主义和情感主义之争。第四章和第五章将在这个背景之下，着重探讨诉诸进化论理解道德判断的两种情感主义模型，即社会直觉主义模型和双重进程模型，这两种模型都承袭了十八世纪情感主义的解释传统，并为其注入当代心理学、神经科学的经验成就，认为情感是引发道德判断的支配性力量，也对道德判断的本质起到了规定性作用。这些模型都把情感处理为在演化历史中为应对适应性压力发展而来的快速的、不受意识控制的直觉反应，并通过把情感看作是一种演化的产物，承诺了对道德判断能力的先天论解释。

本书接下来的部分将分别处理情感的本质和道德先天论的问题。第六章将在揭示情感现象复杂性的基础上，讨论理解情感的两种重要模型，即判断论模型和感受论模型，通过探究这两种模型各自的优势和发展趋势，我试图表明人类情感有着丰富的理性维度和具身性的维度，而强调感受性的特征对于情感的根本重要性也并不意味着我们就必须把情感理解为是演化的产物。第七章将转入对先天论问题的讨论，尤其关注情感主义解释和先天论之间的张力：如果我们承认情感对道德判断的形成起到了支配性作用，是否意味着我们需要坚持对道德做出先天论的解释呢？或者说，道德判断的情感主义解释是否必须以道德先天论为基础呢？本章将在梳理情感主义这种哲学传统的不同层面的基础上，追溯诉诸演化的情感主义解释与情感主义传统是如何关联起来，又是如何分享先天论的承诺的。第八章和第九章将继续考察支持道德先天论的两种代表性论证及其存在的问题。最后，在结语中将简要展望不诉诸进化论对道德判断建立情感主义解释的理论可能性。

本书部分章节已在一些学术期刊上发表：第四章的部分内容发表于《道德与文明》2019 年第 1 期；第五章的部分内容发表于《伦理学研究》2017 年第 6 期；第九章的部分内容发表于《哲学评论》2015 年第 15 辑。谨此向这些期刊的编者表示感谢。

本书的写作得到了国家社会科学基金一般项目“进化论伦理学前沿问题研究”的资助，以及华东师范大学哲学系出版资助项目的支持。在写作过程中，我也得到了许多师友的帮助和启发。我在硕士和博士阶段的导师，北京大学哲学系的何怀宏教授以他深切的人文关怀让我意识到人类道德生活的复杂性，以及伦理学研究绝不是一门象牙塔中的技艺。浙江大学哲学系的徐向东教授同样是我治学之路上的引路人，他对进化论伦理学问题的深刻思考也让我对人类道德的经验研究心怀恰当的包容与审慎。我也感谢南京师范大学哲学系的陈真教授对本书初稿所提的意见，他所指出的问题为我今后的研究指明了方向。同时感谢我的好友，美国德克萨斯州农工大学的安冬博士为本书的写作所提的建议。本书得以顺利出版，也必须感谢上海三联书店的支持。由于学力有限，本书中难免存在疏忽不周之处，我都会在以后的研究中不断加以完善。

1. 进化论与伦理学的联姻

将达尔文的进化论[1]引入道德领域的研究绵延至今已有上百年的历史，其研究方法、核心问题都在反复争论中不断变化和改进。因此，在讨论其当代关切及论争之前，我们有必要首先追溯一下从演化的角度探讨人类道德的理论渊源和发展嬗变的基本历程。在历史的纵向考察的基础之上，我们将进一步横向地梳理进化论伦理学的不同层面，为以后讨论解释道德判断的演化进路奠定概念和方法上的基础。

---

[1] 学界近年来对"evolution"一词应该译作"进化"还是"演化"一直存在争论。"进化"一词带有明显的进步论色彩和进化的方向性预设，但是这些特征都受到了当代进化论者的质疑，被认为是某些早期理论家的误解，而"演化"一词则更为中性。新版《物种起源》的译者、古生物学家苗德岁认为，如果按照达尔文的原意，译作进化是没有问题的，而依照现在的认识，译作演化是更为恰当的，参见苗德岁:《译名刍议》，查尔斯·达尔文:《物种起源》，苗德岁译，南京：译林出版社，2018 年，第 513—515 页。本书将保留"进化论"这一传统术语，并将达尔文之后兴起的"evolutionary ethics"译为"进化论伦理学"。但需要注意的是，并非在这个进路上的所有学者都持有进步论的观点，而在"evolution"一词单独出现的时候，本书将会根据语境采用"演化"这种译法。

我们对进化论伦理学发展历程的梳理将主要借鉴科学史家保罗・劳伦斯・法伯（Paul Lawrence Farber）所建立的分期。[1] 他将进化论伦理学在英美世界中的发展历程分为三个阶段。第一阶段始于进化论的产生直至一战结束，以赫伯特・斯宾塞（Herbert Spencer）为代表的一些知识分子试图借助进化论为伦理学寻求新基础，并以此促进社会变革。虽然这些理论和实践尝试在大众中的接受度很高，但是并未得到严肃哲学家们的认可，诸如亨利・西季威克（Henry Sidgwick）这样的哲学家对此都提出了激烈的批评和回应。第二阶段始于弗洛伊德式心理学的兴起直至二十世纪六十年代。这一阶段的学者试图复兴进化论伦理学，并努力将其融入科学人文主义世界观。第三阶段始于二十世纪七十年代社会生物学的兴起直至今日。以爱德华・威尔森（E. O. Wilson）为代表的社会生物学家结合认知科学和神经科学的成就对进化论伦理学做出了重新定位和推进，并提出要将伦理学生物学化的新思路。接下来，我们将按照这个基本的分段框架来梳理在不同历史时期下进化论与伦理学联姻的方式。[2]

---

[1] 详见 Paul Lawrence Farber, *The Temptation of Evolutionary Ethics*, Berkeley and Los Angeles: University of California Press, 1998。

[2] 对这一发展历程的梳理，亦参见舒远招:《西方进化伦理学的收获和界限》,《哲学动态》2008 年第 9 期；米丹:《生物学对道德的挑战：关于自然主义道德观的争论——基于生物学哲学文献的研究》,《自然辩证法通讯》2018 年第 8 期。

1.1 进化论伦理学的兴起

可以说，达尔文本人就是进化论伦理学的奠基人。他在《人类的由来及性选择》中就试图对道德的起源给出一种演化的解释。他延续了解释生命发展历程的方式，认为人类的一些高级官能，如理智官能、道德官能，以及人类的高级文明，如同复杂的有机体一样，都是在自然选择的作用下发展而来的。这意味着人类的发展并非是造物主的设计，也不受任何宇宙目的的指引，而是在生存和繁衍的竞争中，不断适应环境变化的自然后果。在这种经由自然选择的演化视角下，虽然达尔文赞同当时流行的观点，认为“道德感或良心是人与低等动物之间最重要的差别”，[1] 但是他同时认为这种差别并非是种类上的，而只是程度上的，他也特别强调道德感并非是人类独有的特征，而是社会性动物伴随着理智的发展而自然产生的一种能力。所以他说：

> 无论何种动物，只要是被赋予了明显的社会本能（这里也包括父母和子女之间的情感），一旦其理智能力变得和人类一样发达，或几乎一样发达，那么就不可避免地会获得一种道德感或良心。[2]

---

[1] Charles Darwin, *The Descent of Man, and Selection in Relation to Sex*, London: Penguin Books. 1879/2004, p. 120.

[2] Charles Darwin, *The Descent of Man, and Selection in Relation to Sex*, pp. 120 - 121.

达尔文这里所说的道德感，在他的概念系统中可以被理解为“道德情感（moral sentiments）”，那么应该如何从自然选择的角度来理解道德情感的产生呢？首先，道德情感的产生和理智能力的发展密切相关。不难理解拥有更高理智能力的个体，一般而言，在寻找食物、维护社会关系、求偶、繁衍后代上都具有更多优势，也更受到自然选择的青睐。可以说，在个体层面发生的自然选择是促成人类早期智能发展的核心力量，更高的理智能力则孕育了同情、忠诚和勇敢这样的情感，如果一个部落包含着大量拥有这些情感的成员，他们相互帮助，相互保护，那么这个部落就有更大的机会在生存和繁衍上获得成功，并征服其他部落。最终就会产生出“一种高度复杂的情感——它起源于社会本能，在很大程度上为我们同胞的称赞所指导，还受到理性和自我利益的支配，而且晚近又受到深厚的宗教情感的支配，更被教育和习惯所巩固”。[1] 这种高度复杂的情感也就是道德感或良心。

不过达尔文也注意到，一个明显的问题是：道德感对个体来说不一定能带来选择优势，相反有可能是有害的——如果一个人宁愿牺牲生命也不背叛伙伴，那么他留下后代的可能性大概很小。但是，他强调，高度的道德感虽然很少甚至并没有给予个体及其子孙胜过部落中其他人的优势，但是由拥有道德感

[1] Charles Darwin, *The Descent of Man, and Selection in Relation to Sex*, p. 157.

的个体组成的群体则具有极大的适应性优势。如果一个群体的大多数成员具有很高程度的忠诚、服从、勇敢和同情心，总是愿意冒着生命危险捍卫群体利益，那么这样的群体就会战胜并取代那些其成员缺乏道德感的群体，正是这种群体层面的自然选择，而非个体层面的自然选择，促成了人类的道德发展。从群体选择的角度来看，有关善恶是非的道德评价的标准就在于某行为或事物是否促进了群体的普遍善或福利（general good or welfare）。这里的普遍善并不是由某个超自然的存在者所规定的，也不是功利主义者所说的最大幸福，而是按照演化术语来定义的，即“在所属的外界条件下，把最大数量的个体养育得充满活力和十分健康，而且使其一切能力臻于完善”。[1] 这样，达尔文就基于人类的社会本能和智能发展，展现出人类道德情感可能的起源，并通过群体选择论证道德情感的适应性功能。

但是在这个解释图景中，是否能够将人类道德的所有方面都用演化的术语加以理解则是存疑的。比如，即便是在群体选择的视角下，在一些高度文明的社会中，对群体之外的陌生人展现出普遍的仁爱也并不具有任何适应性价值。达尔文也注意到“一些最奇怪的风俗和迷信同人类的真正福利和幸福完全相反，却风靡世界”。[2] 很显然，某些最高贵的道德情感，以及

---

[1] Charles Darwin, *The Descent of Man, and Selection in Relation to Sex*, p. 145.

[2] Charles Darwin, *The Descent of Man, and Selection in Relation to Sex*, p. 146.

一些奇风异俗确实是非适应性的，达尔文自己也承认这一点，但只是提出了这些现象，并没有解决由此引出的困难。这也表明，虽然达尔文成功地展示了自然选择对于人类道德的相关性，但是并没有提出对于道德的系统解释，也无意于用演化的论证来辩护或挑战社会中既有的道德信念和规则，而这也是他的一些追随者努力拓展的方向。

例如威廉·克利福德（William Kingdon Clifford）和莱斯利·斯蒂芬（Leslie Stephen）都试图从演化的角度为一些道德规则提供辩护。克利福德同样把道德感看作是演化的产物——一种为了群体生存和繁衍的适应性机制，并以此为基础进一步提出“自然伦理学的第一原则就是对共同体的至高无上的效忠”。[1] 斯蒂芬则试图用演化的观点来拓展当时的功利主义主张，并为这些原则提供理性的辩护。他反对密尔的功利主义立场中把每个个体的幸福置于基础地位的做法，而是在群体选择理论的影响下，转而强调作为整体的共同体的幸福，并认为道德的要求表达了“社会福利的各种条件”，这些条件“蕴含着施加在社会共同体上的一种直接行动”，换言之，“道德就是各种社会本能的总和，这些本能中蕴含着促进社会自身的善的欲望”。[2] 不过，虽然这两人都试图发展达尔文主义的伦理学，

---

[1] William Kingdon Clifford, *lectures and Essays by the Late William Kingdon Clifford*, *the Third Edition*, Leslie Stephen and Frederick Pollock eds., London: Macmillan, 1901, pp. 156–157.

[2] Leslie Stephen, *The Science of Ethics*, London: Smith, Elder and Co., 1882, p. 217.

但更多的只是一般性地阐发了道德的适应性功能，并为既有的规则提供抽象的辩护，却并没有实质性地提出任何具体的规则。而就提出一种更为系统的进化论伦理学，并拓展进化论对实践生活的指导而言，最有影响力的人物则是斯宾塞。

虽然斯宾塞作为“社会达尔文主义”的代表人物为人熟知，但实际上他在很多方面都与达尔文有着重要差别。首先，对于达尔文来说，人类的道德感就和兰花的花朵结构一样是自然历史中有趣而奇特的现象，是经由自然选择的演化理论需要加以解决的问题，因此他的研究旨趣主要在于解释道德感的起源，而斯宾塞所关心的则不仅是道德感的起源问题，更是要基于对人类道德感的演化解释，建立起一套新的行为规则，并为自己对社会政策的看法提供辩护。

其次，他对演化的理解更多地受到拉马克主义（Lamarckism）的影响，认为自然选择的机制是不充分的，更强调“用进废退”这种后天获得的性状是可以遗传的。因此，无论是一般而论的有机体还是具体的人类和社群，都是在主动地适应环境，并将后天锻炼培养的成果遗传给后代，这就使得他的进化理论有明显的目的论和进步论的色彩。而这些都是达尔文的理论并不承诺的，达尔文更加强调自然选择的作用，而自然选择本身是不受目的指引的、无意识的盲目过程。斯宾塞把演化看作是一个从未分化到分化，从不确定、不连贯的同质性（homogeneous）到确定、连贯的异质性（heterogeneous）的变化。演化的方向就是通过不断的分化远离同质性，走向更大的多样性和个体化。

这不仅发生在生物圈，也发生在人类心理和社会层面："无论是在地球的发展中，还是在地球表面的生命的发展中，还是在社会的发展中，还是政府、制造业、商业、语言、科学和艺术的发展中，同样的由简单到复杂的进化，通过连续的分化而贯穿始终"。[1] 在斯宾塞看来，每一层面的演化都是进步性的(progressive)，即演化的等级越高就越具有适应性。从这个角度上看，他认为人类相比于其他动物，处于工业社会的欧洲人相比于野蛮人，英语相比于其他语言要更复杂，更为异质，演化的程度也更高。

斯宾塞以对演化的这种理解作为伦理学的基础，也直接引出了他对于人类应当如何生活的看法。基于对多样性、个体化、适应性的推崇，他强调在社会生活中对个人自由、个人权利的尊重，并提出伦理学的第一原则就是"每个人都有做他想要做的事情的自由，只要他没有伤害他人拥有的平等的自由"。[2] 他还详细讨论了国家干预的限度，尤其反感一些中产阶级对工人阶级居高临下的怜悯，并强烈反对政府以济贫法（Poor Law)、公共健康政策的形式对个人自由进行侵蚀。他把那些试图减轻穷人苦难，并捍卫济贫法的人称之为"荒谬的慈善家"，认为这样做只会给后代带来更大的苦难，因为这违背了事物演

---

[1] Herbert Spencer, *Social Statics; or the Conditions Essential to Human Happiness Specified and the First of Them Developed*, London: J. Chapman, 1851, pp. 2 - 3.

[2] Herbert Spencer, *Social Statics; or the Conditions Essential to Human Happiness Specified and the First of Them Developed*, p. 121.

化的自然秩序，按照这种秩序，“社会会经常排泄掉其不健康的、低能的、迟钝的、背信弃义的成员”。这些慈善家们是“不动脑筋的好心人”，他们无视自然秩序，提倡对社会演化进行干预，“这不仅阻止了净化的过程，甚至还增进了损害——不断地为行事鲁莽、毫无能力的人提供给养，这绝对是鼓励了他们的繁殖，而供养家庭的预期困难则变得更大，从而阻碍了有能力且深谋远虑的人的繁衍”。[1] 斯宾塞基于进化理论提出的这些政治或伦理观点通常被归为“社会达尔文主义”名下，但是达尔文本人在他的著作中却并未倡导类似的主张，因此，甚至有学者认为更公平、更忠于历史地来说，这些主张更应被称为“社会斯宾塞主义”。[2] 斯宾塞式的进化论伦理学既受到了伦理学世俗化的倡导者的青睐，也为宗教改革者所借鉴，在当时的社会中产生了广泛的影响，在普罗大众中也颇为流行。但是在更为严肃的知识界，这种新兴的进化论伦理学在科学性和哲学意义上遭受到的则更多是批评和质疑。[3]

---

[1] Herbert Spencer, *Social Statics; or the Conditions Essential to Human Happiness Specified and the First of Them Developed*, pp. 323 - 324.

[2] 参见 Michael Ruse, “Evolutionary Ethics Past and Present,” in Philip Clayton and Jeffrey Schloss, eds., *Evolution and Ethics: Human Morality in Biological & Religious Perspective*, Grand Rapids: William B. Eerdmans Publishing Co, 2004, p. 30。

[3] 参见 Paul Lawrence Farber, *The Temptation of Evolutionary Ethics*, p. 7。

1.2 新兴的进化论伦理学遭受的批评

对斯宾塞式的伦理学的批评可以分为两个方面，一方面是来自以托马斯·赫胥黎（Thomas Henry Huxley）[1]为代表的生物学家对其科学可靠性的质疑，一方面来自西季威克这样的哲学家对其论证的逻辑有效性的攻击。

以“达尔文的斗牛犬”闻名的托马斯·赫胥黎在从演化的角度探究伦理学的问题上却与达尔文大相径庭。首先，他并没有追随达尔文的脚步，把人类的道德感和道德行为的发展作为自然历史的一部分纳入到对生命演化的一般性解释之中。对于他来说，道德本质上并非是自然选择的产物，而是人类文明的创造。一方面，他承认人类的发展进程也受制于宇宙发展进程的演化规律，人类“正如其他动物一样，繁衍不息，也为获得生存手段而进行激烈的竞争。生存斗争倾向于消除掉那些无法使自己适应环境的人。最强、最自信的人就会踩踏弱者”。[2]在这个过程中，人类也保留了演化所促成的本能：侵略性和自我保存。但是，另一方面，他并不像达尔文那样把人类的道德感看作是社会本能和理智能力自然发展的结果，而是人类文明

[1] 下文中将会讨论到他的孙子朱利安·赫胥黎的观点，为了避免混淆，在提及这两位人物的时候，将使用全名。

[2] Thomas Henry Huxley, *Evolution and Ethics: Delivered in the Sheldonian Theatre, May 18*, Cambridge: Cambridge University Press, 1893/2009, pp. 32 - 33.

同本能相抗争的结果：通过同情心的作用，人类形成与他人的情感纽带并关心他人，通过一些更高的道德情感，人类逐渐超越了更原始的侵略、自保的本能。人类道德的发展进程和自然选择的演化进程是相互独立，甚至相互竞争的，“让我们干脆彻底地这么理解：社会的伦理进程并不依赖于对宇宙进程的模仿，更不依赖于摆脱宇宙进程，而是依赖于和宇宙进程的斗争”，[1]“宇宙进程对社会演化的影响越大，社会文明就越原始。社会进步意味着在每一个步伐上都对宇宙进程进行抑制，并且用伦理的进程来取代宇宙的进程，伦理进程的目的不是让那些对其所存在的整体环境碰巧最具适应性的人得以生存，而是让那些伦理上最善良的人得以生存”。[2] 也就是说，在托马斯·赫胥黎看来，经由自然选择的演化力量并不能充分促成人类道德的产生，相反，却是道德发展过程中需要不断抗争的力量。

进一步，托马斯·赫胥黎也强烈反对斯宾塞的做法，认为自然并不能为伦理学提供指导，也不应当将自然选择的理论拓展到伦理规则的建构。他认为社会达尔文主义者在这方面上的错误尝试源于对“适者生存”的法则的误解。“适者”往往被理解为是“最好的”，由此也就被赋予了道德价值。但是，在自然

[1] Thomas Henry Huxley, *Evolution and Ethics: Delivered in the Sheldonian Theatre, May 18*, p. 34.

[2] Thomas Henry Huxley, *Evolution and Ethics: Delivered in the Sheldonian Theatre, May 18*, p. 33.

界中，谁是适者完全取决于环境。他设想，假如我们所处的环境发生巨大变化，比如温度突然急剧降低，以至于最适应环境的植物可能只剩下苔藓和硅藻，而如果温度突然升高，那么地球上可能就只剩下热带雨林植物，这些生物之所以成为适者，完全是因为它们碰巧最为适应变化了的环境，但是对环境的适应性并不蕴含着道德意义上的善，“适者生存”的自然法则本身也不具有任何道德意义。所以，在托马斯·赫胥黎看来，宇宙演化至多只是“可以教导我们人类的善恶倾向可能是如何产生的；但是，就其本身而言，无法提供比以前更好的理由来解释为什么我们称之为善的事物要比我们称之为恶的事物更可取”。[1]

托马斯·赫胥黎不仅认为演化无法为伦理学提供基础，而且那些导向生存和繁衍成就的行为方式却恰好是伦理上需要加以克服的障碍：我们所说的善或美德都“要求用自我约束替代无情的自我肯定；它要求个人不应当只是尊重，也应当帮助同胞，而不是将所有的竞争者一把推开或者踩踏蹂躏；它的影响不是旨在适者生存，而是让尽可能多的人生存。它拒斥关于存在的斗争论学说……法律和道德规则所指向的目的都在于抑制宇宙进程，提醒个人对共同体的义务”。[2] 托马斯·赫胥黎在

[1] Thomas Henry Huxley, *Evolution and Ethics*: *Delivered in the Sheldonian Theatre*, *May 18*, p. 31.

[2] Thomas Henry Huxley, *Evolution and Ethics*: *Delivered in the Sheldonian Theatre*, *May 18*, p. 33.

这里所强调的对弱者的扶持，对共同体利益的关切都与斯宾塞所倡导的个人自由至上的观念形成了鲜明对比。这也表明，在科学上坚定热情地支持生物进化论并不意味着也同样坚定热情地把人类道德看作是生物演化的一部分，虽然演化的观念对理解道德的起源和规范性意义有着启发作用，但是并非所有进化论阵营中的科学家都支持进化论伦理学的观念。

再把目光转向哲学界，西季威克是对进化论伦理学提出批评的代表性人物。他对古典功利主义向现代道德哲学的转变起到了关键性的作用，并主导着十九世纪末期的英国道德哲学。他认为进化论伦理学的整个进路在逻辑上是有缺陷的，并拒斥将进化论作为伦理学基础的尝试，他的批评具有深远的影响，以至于当时许多哲学家提出的批评在很大程度上都是他的观点的变种。[1]

首先，按照西季威克对伦理学定义的理解，进化论伦理学严格来说并不属于真正意义上的伦理学。他在经典著作《伦理学方法》中，将伦理学的目标规定为“系统而准确地探究大多数人具有的关于行为正确性或合理性的认知，无论这个行为是被看作本身就是正确的，还是作为某种通常所说的具有终极合理性的目标的手段而言是正确的”。[2] 西季威克认为，虽然大

---

[1] 参见 Paul Lawrence Farber, *The Temptation of Evolutionary Ethics*, p. 87。

[2] Henry Sidgwick, *The Methods of Ethics*, 7th ed, London: Palgrave Macmillan, 1907/1962, p. 77.

多数有道德的人都相信他们的道德感或本能在一般情况下都会正确地指导他们的行动，但是“还是存在一些在每种行为类别中决定什么是正确行为的普遍规则：我们有可能发现对这些普遍规则的哲学解释，通过这种解释，这些普遍规则可以从更少数量的根本原则中推演出来”，因为，毕竟“对行为的系统性指导而言，我们需要知道我们应该把什么样的判断依赖为终极有效的判断”。[1] 按照这种理解，哲学家的任务就不是从人们日常的道德感和直觉中提炼归纳出一些具体的行为指南，而是要找到为这些具体规则提供解释、做出辩护的根本原则。这样看来，对道德的起源做出演化解释就与道德哲学家的核心工作并不具有太大的相关性。也正是因为这个原因，西季威克在《伦理学方法》的序言中，就明确表示他“避免对道德官能的起源做出探究”，因为，在他看来，对道德认知的“历史前身的探究，以及它与心灵的其他要素的关系的探究，都并不属于伦理学的研究，就好比对空间认知能力的研究并不属于地理学一样”。[2] 也就是说，西季威克认为作为哲学分支的伦理学，其主旨在于探究人类行为的根本原则，并以此为基础对日常道德直觉中的是非观念、行为指南做出解释和辩护，而进化论伦理学的首要关切是解释人类如何发展出道德认知能力的进程，与哲学伦理学的探究并不相关。

---

[1] Henry Sidgwick, *The Methods of Ethics*, pp. 102 - 103.

[2] Henry Sidgwick, *The Methods of Ethics*, pp. v - vi.

其次，也是更重要的问题是，即便我们承认进化论伦理学与哲学伦理学的主旨并不直接相关，但是究竟能否从对人类道德起源的演化解释中推导出其对人类行为的规范性指导呢？也就是说，进化论能否回答我们应当如何行动的问题呢？对此，西季威克也持有否定的态度，并且认为做出这种尝试的进化论伦理学家们犯了一个严重的逻辑错误，即把事实性的问题和规范性的问题混为一谈。从演化的角度探究人类道德如何产生和发展，本质上是在回答"道德是什么"这样一个事实性的问题。对道德的演化解释至多只是告诉我们人类这种生物倾向于去做什么样的行为，促进什么样的目的，但却无法告诉我们人类究竟应当，或者有义务选择什么样的目的。所以，西季威克说：

> 如果我们发现自然并非是经过设计的，如果我们借助经验而获知的这个世界的复杂进程被设想为是无目的却有秩序的变化之流，那么关于这些进程及其法则的知识可能就的确限制了理性存在者的目的，但是我无法设想它如何能决定理性存在者的行为目的，或者如何能成为无条件的义务规则的源泉。而且事实上，那些把"自然的"作为一个伦理概念来使用的人通常都的确预设：通过思考人类冲动的实际作用，或者人类的生理构造，或者人类的社会关系，我们可以发现一些原则来积极而彻底地决定人类究竟注定要去过一种什么样的生活。但是我认为只要不陷入思想混乱，试图从"是什么"推演出"应当做什么"的任何

> 尝试都明显是失败的。[1]

西季威克这里所指的“从是推出应当”的尝试在进化论伦理学家这里有不同的表现。一种是从对某种道德信念的描述就推出这种信念的有效性，比如他们观察到人类拥有对自己所属的群体的关切和偏爱，于是就推出群体的利益是值得被促进的。但是这种观察和描述只是告诉我们人类社会中存在什么样的道德倾向，它本身并没有提供对这些倾向的有效性的辩护。还有一种典型的尝试是从对人类自然状态的描述推出这种状态就是伦理原则的基础。例如上文提到的克利福德从人类的社会性推出对共同体的忠诚就应该是最首要的伦理原则，斯宾塞从演化的多样性、个体化的方向推出尊重个人自由是伦理学的第一原则。但是，就人类的自然状态而言，存在各种各样，甚至相互冲突的本能、冲动、倾向或欲望，例如，人类既有帮助他人的倾向、同情的本能，也有无情的自利的冲动和自爱的本能，如果不援引其他更进一步的终极标准，比如功利主义的效用原则，我们凭什么说应当用利他的倾向来指导我们的行动呢？也就是说，对道德的演化解释，就其本身而论是无法为“如何行动”的规范性问题提供回答的。这些进化论伦理学家的尝试实际上都在他们的演化解释中暗中夹带了一些规范性的承诺，如公共善是值得被促进的等等，但是却并没有为这些承诺提供任何证

[1] Henry Sidgwick, *The Methods of Ethics*, p. 81.

明或辩护。

因此，西季威克基于进化论伦理学在问题域上的偏离，以及在是与应当之间的混淆，把它排除在严格意义的伦理学体系或方法之外。西季威克把伦理学看作一门有其独特关切的学科，具有相对于生物进化论的独立性和自主性，这种看待进化论与伦理学的视角在当时的哲学界产生了持续的影响力。

二十世纪初著名的道德哲学家乔治·爱德华·摩尔（George Edward Moore）就继承了西季威克的思路，对以斯宾塞的为代表的进化论伦理学进行了更鲜明的批评，他的分析反映出英国哲学界对进化论伦理学的持续拒斥。摩尔细致地把达尔文的观点和斯宾塞的观点区分开来，他接受达尔文有关生物进化的看法，但是却强烈批评斯宾塞的社会达尔文主义，反对以进化论为基础来建立道德体系的做法。他说：

> 斯宾塞先生最明确也是最通常关注的一个主要观点是：快乐是唯一的善，而且考虑进化的方向是迄今为止用来判断获得最大快乐的方法的最好标准。如果他可以证明快乐的数量总是与进化成正比的，而且什么行为是更进化的也是很明显的，那么这种理论就会对社会学做出有价值的贡献；如果快乐是唯一的善，这甚至也会是对伦理学的有益贡献。但是……如果我们想从一个道德哲学家那里获得的是一种科学的、系统的伦理学，而不仅仅是公然地“建立在科学基础之上”的伦理学；如果我们想要的是对

> 伦理学根本原则的清晰讨论，以及表述出为什么一种行为方式应该被看作比另一种行为方式更好的终极理由——那么斯宾塞先生的《伦理学素材》就远远无法满足这些要求。[1]

尽管摩尔用了很长的篇幅批评斯宾塞，但是他的批评并不限于斯宾塞，而是扩展到了进化论伦理学的不同变种。他把进化论伦理学定义为这样的观点："要发现我们应当如何行动的指南，我们只需要考虑进化的方向就足够了。"但是，这个观点存在的一个问题是：即便我们接受进化就是"进步"，即更进化的就是更好的，我们还是无法对具体行为做出道德判断，因为我们无法仅凭"进化从整体来看是进步"，就得出"在更进化的与不那么进化的事物之间的每一点差别上，更进化的都比不那么进化的要更好"，我们还是需要借助于严格意义上的伦理学讨论来对进化的产物做出价值评判，即究竟哪些是善的、值得促进，而哪些不是。也就是说，即便引向进步的宇宙进程是存在的，它也无法提供给我们一个基准，由此得出关于具体的道德判断的知识。因此，摩尔说："单纯只考虑进化进程无论如何都不足以告诉我们应当追求什么样的行为过程。"[2]

在摩尔看来，进化论伦理学还存在一个更根本的问题，就

---

[1] George Edward Moore, *Principia Ethica*, Cambridge: Cambridge University Press, 1903/1993, pp. 105 - 106.

[2] George Edward Moore, *Principia Ethica*, p. 106.

是在用“更进化的”来界定“善”的时候犯了他所说的“自然主义谬误”。摩尔认为善是一个不可分析的“简单概念”，无法被还原为或分解为更简单的成分。任何把“善”等同于其他事物，尤其是自然属性的尝试都犯了“自然主义谬误”，他在边沁的快乐论、斯宾塞的进化论伦理学中都发现了这个问题。摩尔反对这些观点，并从中诊断出自然主义谬误的主要依据就是“开放问题检验”。根据这个检验，如果 A 真的是根据 A 具有 P 这种属性来定义的，那么我们就无法合理地追问“X 是 A，但是它具有 P 这种属性吗”，比如，要想知道三角形是不是根据“拥有三条边”这个属性来加以定义的，我们就需要追问 X 是一个三角形，但是它有三条边吗？这个问题的答案明显是确定的，因此并非是一个开放式问题，也就可以由此得出三角形确实是根据拥有三条边的属性来加以定义的。但是再来看根据“使人快乐”这个属性来定义善，这意味着说“X 是善的”就等同于说“X 是令人快乐的”，但是即便我们确定某物是令人快乐的，但它究竟是不是善的，仍旧是个开放的问题。与此类似，把善定义为我们渴望追求的东西或者更进化的东西也都无法通过开放问题检验。

摩尔对进化论伦理学犯有“自然主义谬误”的诊断与西季威克所说的“是与应当的混淆”一脉相承，作为二十世纪伦理学的奠基性人物，他们对进化论伦理学的态度也影响了后来的哲学家，使得进化论与伦理学之间的结合陷入僵局。

1.3 进化论伦理学的当代复兴

一战结束之际，进化论伦理学本已呈现颓势，但是在二十世纪中叶，随着进化论的新发展和弗洛伊德心理学的兴起，一些倡导“科学人文主义”的思想家开始借助这些新的思想资源继续尝试从演化的角度解决伦理学问题，这构成了进化论伦理学在二十世纪的第一次复兴。新近提出的综合进化论在达尔文式的进化论未能回答的问题上获得了突破，弗洛伊德的心理学开启了对人类心智的深层次理解，这些生物学和心理学上的成就鼓舞着诸如朱利安·赫胥黎（Julian Huxley）这样的科学家延续进化论伦理学的思路，并将其融入科学世界观之中。

朱利安·赫胥黎是现代综合进化论的创立者之一，他将当时不同领域中涌现出来的新观念、新知识加以综合，将进化论推向更广阔的受众。但是，他对演化进程的基本特征的理解却与之前的斯宾塞很相似，他们都把演化看作是一个进步的过程，生物进化就是从简单的有机体向复杂的有机体，直至其顶峰的发展，而这个顶峰就是人类。文化进化就是从野蛮向文明以及文明的更高形态的发展。这种进步式的演化观以及弗洛伊德的心理学构成了他的伦理观的两个重要理论来源。

朱利安·赫胥黎在伦理学领域关注两个他认为是最基本的问题，一是对道德义务的解释，二是对道德原则的界定。这不仅是伦理学这门学科的核心关切，也是进化论伦理学遭遇批评的重要方面，所以朱利安·赫胥黎也意识到任何试图建立进化论伦理学的尝试都不得不面对这两个问题。

朱利安·赫胥黎对道德义务的解释主要依赖于心理学上的新观念，尤其是弗洛伊德对婴儿心理发展的分析。他说："我们的现代知识也帮助我们理解道德义务具有绝对、定言以及超脱的属性，这些属性也是道德哲学家们极为强调的。这首先是归功于强制性的全有或全无的机制（all-or-nothing mechanism），原始的超我就是通过这个机制运作的。这也归功于这样一个事实，正如沃丁顿（Waddington）所指出的，父母要求婴儿控制原始的冲动，外部世界最初正是以父母命令的形式闯入婴儿神奇的唯我论世界，以至于婴儿期的伦理体现了儿童发现世界时的惊恐，这个世界是外在于他自身又与他的愿望相冲突的"。[1] 也就是说，婴儿以自我为中心的原始欲望和父母的要求之间存在着冲突，对于婴儿来说，母亲既是爱的源泉，又是压制原始欲望的外部权威，这些冲突构成了弗洛伊德所说的原始的超我机制，它反映了社会规则如何通过父母的影响在婴儿心中内化的过程，而朱利安·赫胥黎将其称之为原初的伦理机制，孕育了最初的愧疚感和是非感，也构成了人类道德感的核心。

虽然朱利安·赫胥黎通过心理学解释了人类道德义务的起源，但是他的目标并不仅止于此。与祖父托马斯·赫胥黎不同，

---

[1] Thomas Henry Huxley and Julian Huxley, *Touchstone for Ethics 1893 - 1943*, New York: Harper and Brothers, 1947, p. 120.

他相信科学不仅能告诉我们事物为何如此，更能够为我们应当如何行动提供基础。他认为人类的道德原则也在人类历史进程中不断演化，并能够为我们提供行为指导。

他强调宇宙层面、生物层面和社会心理层面的演化是一个统一体，“当我们把演化看作一个整体的时候，我们发现在演化所采用的许多方向上，有一个方向会把演化中的事物推向更高级的组织，并因此引出存在物、行动和经验上的新的可能性”，而人类就是这个方向上的顶峰。人类能够自觉地把一些可能性体验为本身就是有价值的，并为不同的事物、行为和经验指派高低不同的价值，在这个价值排序中，他认为“具有更高价值的事物就是那些更加内在而持久地令人满足的事物，或者包含着更高程度的完满的事物”。[1] 也就是说，演化是朝着人类的完善而发展的，而人类的完善就在于实现人类判断为具有价值的事物，在这些价值中内在价值是最高的价值，因此也是社会应当促进的价值。他也由此推出关于行为正确性的几个主要原则：“实现演化中的新的可能性是正确的，尤其是那些本身就是被珍视的可能性；尊重人类的个体性并鼓励其最完满的发展是正确的；建构促进社会进化的机制是正确的，这种机制将尽可能完满、有效而且迅速地满足这些先决条件”。[2] 而他所说的进化论伦理学，在最宽泛的

---

[1] Thomas Henry Huxley and Julian Huxley, *Touchstone for Ethics 1893 - 1943*, pp. 136 - 137.

[2] Thomas Henry Huxley and Julian Huxley, *Touchstone for Ethics 1893 - 1943*, p. 136.

意义上来说，就是以这几个原则的结合为基础的。

尽管朱利安·赫胥黎借助于进化论和心理学上的新发展为进化论伦理学注入了新的活力，但是值得追问的是：他的推进工作是否有助于解决西季威克和摩尔等人提出的批评呢？朱利安·赫胥黎就道德义务提出的弗洛伊德式的解释，为人类为什么会感到义务的约束提供了一种说明，但是却并没有为这种义务感提供伦理辩护。毕竟，并非任何情况下人们感到的义务性的约束力都是恰当的，比如纳粹士兵在执行命令时所体验到的义务感就是得不到辩护的。进一步，他通过是否有助于实现具有内在价值的事物或目标来衡量人类的进步，并以此为标准来判定行为的正当性，也由此引出对某些社会政策的支持与倡导，但是，问题在于具有内在价值究竟意味着什么？虽然朱利安·赫胥黎把审美体验，属灵的宗教体验和理智体验都归为具有内在价值的活动，但是他所做的只是确认并强调其重要性，却并没有试图对这些活动为何具有内在价值给出任何辩护。因此，虽然朱利安·赫胥黎以综合进化论和弗洛伊德心理学为基础对进化论伦理学进行了更新，并借助于他本人在科学领域的影响力推广了这种理论进路，但是就解决进化论伦理学面临的哲学挑战却并未做出实质性的推进。

直到二十世纪七十年代，生物学家威尔森在他的洋洋巨著《社会生物学》中对动物行为，包括人类行为的演化所做的综合性解释为进化论伦理学再次提供了动力，而且由此带来的关于人类道德的生物学和哲学讨论一直延续到今天。虽然威尔森的专长是研究社会性昆虫，但是他对解释人类行为有着浓厚的兴趣。威尔森和达尔文一样，认为人类的文化演化是自然历史的一部分，也是对世界做出完整的进化论解释的一个重要环节，而且他拥有比达尔文时代更为丰富系统的群体生物学、生态学、动物行为学和心理学的思想资源，这也使他有了一个更宏大的理论目标，即通过解释社会行为的生物学基础，将社会生物学建构为传统人文学科的新的根基，并将其整合到一种演化的世界观中来。而对于伦理学来说，要解决哲学家们一直以来争论不休、没有定论的道德问题，最根本的途径就是去理解人类道德的演化机制。

所以，他在《社会生物学》的一开篇就表示："加缪说唯一严肃的哲学问题是自杀。这即便是在严格的意义上说，也是错误的。生物学家关注的是生理学和演化历史的问题，他们意识到自我知识是为大脑的下丘脑和外缘系统中的情感控制中心所约束和塑造的。这些中心让我们的意识充满了情感——仇恨、爱、愧疚、恐惧等等——这些情感为道德哲学家们所参考，他们希望凭直觉知道善恶的标准。那么我们就不禁要问，是什么造就了下丘脑和外缘系统？它们是通过自然选择演化而来的。要在所有纵深的角度上对伦理学和道德哲学家们（如果不是知识论和知识论学者的话）做出解释，我们就必须探究这个简单的生物学表述"。[1] 不过，他在接下来的五百多页论述

［1］ Edward O. Wilson, *Sociobiology*: *The New Synthesis*, Cambridge: Harvard University Press, 1975, p. 3.

中并没有直接讨论生物学是如何“在所有纵深的角度上”对伦理学做出解释的，而更多的是关注于对社会性行为做出适应论的解释，尤其是从自然选择的角度说明利他主义的本质和文化的演化。直到全书的最后一章，他才突然提出：“科学家和人文学者应该一起考虑以下可能性：伦理学暂时从哲学家的手中移交出来，并被生物学化（biologicized）的时代已经到来。”[1] 我们不禁要问，所谓生物学化的伦理学究竟是什么样的？对此，威尔森没有直接回答，但是从他的一些论述中，我们可以寻得一些线索。在他看来，道德哲学家们创建的规范伦理学理论，比如义务论，并非是他们纯粹凭借理性能力所做的思辨的创造，而是在下丘脑-外缘系统中的情感中心的作用下，凭直觉而获知的，“只有通过把情感中心的活动解释为生物适应性变化，这些信条的意义才能被破解。或者，简单来说，生物学可以用进化术语来解释哲学家们一直费尽心机想要辩护的道德直觉”。[2] 也就是说，生物学化的伦理学不仅能破解规范伦理学理论的内涵，即回答人类应当如何行动的问题，也能揭示人类道德思维的本质，即人类为什么会有对道德问题的思考，对这些问题的回答，归根结底需要诉诸经由自然选择的演化。

威尔森对伦理学生物学化的设想无疑是非常具有争议的，

---

[1] Edward O. Wilson, *Sociobiology*: *The New Synthesis*, p. 562.

[2] Edward O. Wilson, *Sociobiology*: *The New Synthesis*, p. 563.

无论是在科学界还是哲学界都引发了热烈的讨论，也是进化论伦理学在当代为学界所持续关注的重要推动力。我们可以看到，一方面，从同一时期开始，着眼于解释道德的演化机制的文献开始大量涌现，也构成了当代进化论伦理学的核心议题。道德的首要目的被理解为以各种有效的方式来解决利益的协调和冲突问题，对道德做出演化解释根本上就是要解释人类合作的演化模型以及这些理论模型是如何适用于人类社会的。另一方面，哲学家也从未停止对这种演化进路做出反思，这种反思是从两个层面展开的，一是沿袭前辈哲学家的脚步，探究这种进路的规范伦理学意义，二是探索这种进路的元伦理学意涵，并发展出一系列的基于进化论的“拆穿论证（debunking arguments）”，用以反对道德实在论，由此也为伦理上的实在论与反实在论之争注入了新的活力。

1.4　进化论伦理学的不同维度

以上我们简要回顾了进化论伦理学从达尔文直至当代的发展历程，从这个纵向的历史考察中我们可以窥见这一领域的研究问题其实分为不同的层面，本节将从横向的角度厘清从演化的视角探究人类道德的不同维度。进化论伦理学涉及进化生物学、道德心理学、神经科学、哲学等诸多领域的跨学科研究，就关注的问题和采用的方法而言，目前学界通常将这些研究区分为三种不同的进路，即描述性的进路、规范性的进路和形而上学的进路。[1]

描述性的进路旨在诉诸演化理论，解释人类的道德行为、评判这些行为的规则、与行为相伴的道德情感，及其背后所蕴含的心理能力、思维模式的起源以及发展历程。在这种研究中，"道德"被处理为一种可以在人类身上观察到的经验现象，如同人类用肺呼吸，用语言交流一样，我们还发现，人类这个物种在某些条件下会做出牺牲自我利益帮助他人的行为，也会依据一些标准对行为的是非对错做出判断，这些判断会进一步引发谴责或赞扬的态度，人类也会对这些行为或判断产生情感反应，比如愧疚、义愤、同情等等。正如我们可以探究其他人类特征的起源一样，我们也可以探究与道德相关的心理、行为能力和倾向的起源。

这个进路上的理论就其关心的问题而言，又可以分为两种类型，一种类型关注的是"为什么产生"的问题，即人类为什么是有道德的存在者？或者说，究竟是什么样的演化力量使得人类成为有道德的存在者？对这个问题的回答大致上有两个阵营，一个阵营的基本立场是：人类道德是自然选择的产物，是

---

[1] 对这些研究进路的归纳和评价，亦见 Scott M James，*An Introduction to Evolutionary Ethics*，West Sussex：Wiley-Blackwell，2011；William FitzPatrick，"Morality and Evolutionary Biology"，The Stanford Encyclopedia of Philosophy，http：//plato. stanford. edu/archives/spr2016/entries/morality-biology，2016. 国内有代表性的相关研究，参见程炼：《进化论与伦理学的三层牵涉》，《道德与文明》2011 年第 2 期；王巍：《进化与伦理中的后达尔文式康德主义》，《哲学研究》2011 年第 7 期。

适应性变化的结果。这个阵营中的进化生物学家、心理学家们要探究的是：究竟是什么样的选择压力可能驱使了道德的演化，即拥有道德特征的个体较之于并不拥有道德特征的个体，在生存和繁衍上为什么是更具优势的。为此，一些道德演化的适应论模型被构建出来，如亲缘选择、互惠利他主义、间接互惠利他主义、群体选择、群体惩罚、名声选择和文化选择等等。另一个阵营的学者们虽然也认为道德是演化的产物，但却并不认为道德是自然选择的直接产物，或者说可以用适应性来解释人类道德的全部。道德有可能是某些适应性特征的副产品，也有可能是演化上的偶然事件，也就是说，自然选择只是在道德的演化中扮演了间接的角色。

不过，这两种阵营都是致力于建构人类道德为何会演化出来的理论模型。至于道德实际上是怎么演化出来的则是另一个问题，即“如何产生”的问题，对这个问题的回答也构成了描述性进路上的第二种理论类型。如果进一步细分的话，这类理论又有两类不同的关注点。有些心理学家和社会科学家关注产生出道德判断和道德交往的心理和社会机制，这些机制往往被称之为道德起源的“直接动力机制”，比如心理利他主义的倾向，情感和直觉的机制等等。还有一些学者则致力于探究道德是如何从我们的祖先身上历经各种变化而产生的，这构成了对道德起源的系统发生学的研究。正如人们可以通过识别出哺乳动物的眼睛在漫长的发展过程中究竟发生了哪些变化，从而来研究人眼的演化，人们也可以通过研究我们灵长类祖先在心理上发生的变化来研究道德认知的演化。但是这些变化并不一定都是自然选择的结果，也有可能是随机的基因突变的结果，或者基因瓶颈，或者创立者效应的后果。总的来说，描述性的进路主要是对道德的起源和演化机制做出经验性的解释，回答的是事实层面的问题。而至于演化是否能够指导人类的行为，则是规范性进路所关注的问题。

规范性的进路旨在回答“应当”层面的问题，就我们应当如何生活的问题，进化论是否能给予什么指导呢？在这个进路上，我们也可以区分出两种类型的理论，一种理论致力于以进化论为基础，建构新的道德原则。从上一节的历史梳理中，我们可以看到以斯宾塞为代表的社会达尔文主义者是这个路向的先驱，在当代试图做出类似尝试的有社会生物学家威尔森。威尔森认为进化论不仅解释了人类道德的由来，而且也引出了最根本的道德原则，即人类应该做那些确保其基因生存和延续的事情。但是这条进路遭到了基于休谟原则和摩尔的自然主义谬误的批评，被指责为不合理地跨越了“是”与“应当”之间的界限。而且从西季威克开始，直到当代哲学家托马斯·内格尔（Thomas Nagel）及克里斯汀·科斯嘉德（Christine Korsgaard）等人都有意识地强调伦理学这门学科的自主性，有其辩护和批评的内在标准，以至于规范伦理学的许多结论是无法为其他学科的研究——如进化生物学的研究——所证实或证伪的，就好像对人类空间能力的演化研究无法被用来支持或反驳任何一种地理学理论一样。[1]

虽然在当代学界中，试图基于进化论建构道德原则的尝试已经非常少见，但是仍旧有一些学者在另一条思路上发掘演化理论所具有的规范性意义。这条思路致力于考察一些既有的规范性理论在经验上的可靠性，往往是通过质疑这些理论的经验基础而对它们发起挑战。例如，如果我们可以从演化的角度论证心理利他主义是不可能的，也就是说，人类最终只可能出于自我利益去行动，那么许多规范伦理学理论对人类提出的道德要求就超越了人类的能力，从而是不可能实现的。比如康德的绝对命令要求把他人作为目的本身而不仅是手段来尊重，功利主义对行动后果的考量指向的是“最大多数人的最大幸福”，亚里士多德在谈论有美德的行动时，要求这些行动是因为它们自身的缘故而被选定的，这些理论都预设了人类是能够出于他人

[1] 例如，内格尔就认为生物学也许对伦理学研究的一些概念和动机上的起点有所启发，但是对超越这些起点的反思性工作则没有太大意义，他甚至认为“寻求对伦理学的生物演化上的解释就好像对物理学发展的生物演化解释一样是愚蠢的”（Thomas Nagel，“Ethics Without Biology，” in *Mortal Questions*，Cambridge：Cambridge University Press，1979，p. 145.）。科斯嘉德则站在康德主义的立场上把人类的独特之处理解为一种规范性的自我立法的能力，形成关于应当如何的判断并按照这种判断去行动的能力，进化生物学可能有助于理解人类的本能、自然欲望和情感的产生，但是对于探究道德的规范性本质则关联不大（Christine Korsgaard，“Morality and the Distinctiveness of Human Action，” in Frans de Waal，Robert Wright，Christine M. Korsgaard，Philip Kitcher，and Peter Singer，*Primates and Philosophers*：*How Morality Evolved*，New Jersey：Princeton University Press，2006，pp. 98 – 119.）。

的利益而行动的，但是如果心理利他主义是不可能的，那么这些规范伦理学理论提出的道德要求就根本不是人类这种生物能够做到的。例如，理查德·道金斯（Richard Dawkins）通过“自私的基因”得出结论说“人类生而自私”，[1] 迈克尔·吉瑟林（Michael Ghiselin）也基于反生物利他主义的论证说道：“挠破一个利他主义者，你会看到一个伪善者在流血。”[2] 还有一些学者认为道德心理学和神经科学的研究以及相关的演化假说也具有规范伦理学的意义，例如约书亚·格林（Joshua Greene）借助 fMRI 技术探究人们面对电车难题做出不同的道德判断时大脑的运行特征，提出道德判断的双重进程模型以解释道义论判断和后果主义判断所依赖的不同心理进程。并进而得出结论：由自动的情感进程优先支持的道义论判断，较之于有意识的推理进程优先支持的后果主义判断是缺乏可靠性的。这些对规范伦理学理论经验可靠性的研究可以说是规范性进路中崭露头角的新路向。[3]

形而上学的进路主要关注道德属性的形而上学地位，试图从进化论出发推出关于道德真理是否实在的立场。从二十世纪七十年代开始，一些生物学家和哲学家鉴于传统的规范性进化

---

[1] Richard Dawkins, *The Selfish Gene*, Oxford: Oxford University Press, 2006, p. 3.

[2] Michael Ghiselin, *The Economy of Nature and the Evolution of Sex*, Berkeley: University of California Press, 1974, p. 247.

[3] 第五章将围绕着对于道德判断形成机制的问题对格林的研究做详细的探讨。

论伦理学受到的批评，承认要想基于进化论建立起实质性的规范原则是存在理论缺陷的，并注定要失败的，于是开辟了进化论伦理学的另一条方向。这条方向不是要确证或辩护某些道德原则（例如，我们应当促进社会和谐），而是试图颠覆道德真理独立于人类心灵的客观实在性，认为关于道德真理的信念不过是一种幻觉，我们的道德心智本质上是由演化塑造的，也并不“追踪（track）”任何客观的道德真理。这个方向上的论证由于旨在用演化的解释来揭穿道德实在论者所说的道德真理不过是一种幻象，因此，也被称之为“进化论的拆穿论证（evolutionary debunking arguments）”。基于这种论证建立起来的反道德实在论立场一般认为：如果道德真理如实在论者坚持的那样是客观的，或独立于我们每个人主观的评价性态度，而一旦我们意识到我们的道德能力或信念是由演化力量所塑造的，而且这种演化力量又并不会让我们去可靠地追踪独立的道德真理，那么我们也就不再能够对那些客观的道德信念做出辩护。[1]

---

[1] 斯考特·詹姆斯在《进化论伦理学导论》的第十一章中对这些论证的线索做出了清晰的梳理，详见 Scott M. James, *An Introduction to Evolutionary Ethics*, West Sussex: Wiley-Blackwell, 2011。对这些论证的批判性反思亦可参考：Eric J. Wielenberg, “On the Evolutionary Debunking of Morality,” *Ethics*, Vol. 120, No. 3 (April 2010), pp. 441 - 464；Russ Shafer-Landau, “Evolutionary Debunking, Moral Realism and Moral Knowledge,” *Journal of Ethics & Social Philosophy*, Vol. 7, No. 1 (2012), pp. 1 - 37；William FitzPatrick, “Debunking Evolutionary Debunking of Ethical Realism,” *Philosophical Studies*, Vol. 172 (2015), pp. 883 - 904；Katia Vavova, “Evolutionary Debunking of Moral Realism,” *Philosophy Compass*, （转下页）

例如，威尔森和迈克尔·鲁斯（Michael Ruse）提出的冗余论证（Argument from Redundancy）认为，演化理论很好地解释了为什么我们有做出道德判断的倾向，无论有没有客观的道德事实，我们还是会相信某些行为是不道德的，这就使得道德实在论成为冗余。也就是说，相信某些道德信念——例如杀人是错的，撒谎是错的等等——具有客观性是多余的，因为无论这些信念事实上是否是客观的，我们都会把它们当作是具有客观性的知识来加以相信。在世界上并不存在客观的道德属性，只不过我们相信并谈论着这些道德属性，就好像它们的确存在一样。鲁斯认为演化上的原因就足以解释为什么某些道德信念和道德属性具有这种特征，而只要理解了这个诉诸演化的因果过程，对这些信念的客观实在性做出辩护就变得完全不必要了。[1]

另一种重要的论证是由理查德·乔伊斯（Richard Joyce）从探究道德信念的起源建立起的反实在论论证。他通过对人类道德的演化解释的考察得出我们的道德信念并不是由道德事实所引起的，而是由完全与这些事实无关的演化进程所引起的。进而，如果有关P的信念不是直接或间接由P这个事实所引起的话，那么持有这个信念就是得不到辩护的。因此，结合道德信

（接上页）Vol. 10，No. 2（2015），pp. 104－116。对进化论的拆穿论证的中文讨论，参见徐向东：《进化伦理学与道德规范性》，《道德与文明》2016年第5期；张子夏：《进化揭露论证及其核心挑战》，《道德与文明》，2016年第5期；张子夏：《进化与道德》，上海：上海三联书店，2019年。

[1] 详见 Michael Ruse and E. O. Wilson，"Darwinism as Applied Science，" *Philosophy* Vol. 61（1986），pp. 173－192。

念的起源来看，我们相信道德信念的客观实在性就是得不到辩护的。因此，乔伊斯的建议是，就究竟是否客观上存在某种在道德上对或者错的事情，我们应该保持开放的心态，以道德术语来描述世界很有可能就和严肃地看待星座是一样的——道德语言的功能并非是在描述客观世界中独立存在的东西。[1]

第三种被广为讨论的论证是由莎朗·斯特里特（Sharon Street）基于“达尔文式的困境（Darwinian Dilemma）”提出的反实在论立场。斯特里特认为实在论者面临着一种两难困境。这个困境的一边是在塑造我们的道德心智中扮演重要角色的演化力量，另一边是所谓的独立的道德真理，实在论者要么拒斥这两者之间存在关联，要么就需要为这种关联提供恰当的解释。如果选择前者，也就是说演化力量与这些独立的道德真理的存在和结构没有任何关系，那么这就意味着自然选择的力量就只能被看作是一种对我们的评价性判断纯粹歪曲性的力量，把我们推向与评价性真理完全无关的方向上去。如果选择后者，那么就面临如何解释这种关联的问题。实在论者能够给出的解释是追踪论（tracking account），按照这种解释，“不道德”“被禁止”都属于某些行为具有的客观属性，而且我们演化出一种心理官能去追踪这些属性。我们之所以做出道德判断是因为这些判断为真，且我们的心智在演化的作用下可以追踪这些真理。

---

[1] 参见 Richard Joyce，*The Evolution of Morality*，Cambridge，MA：The MIT Press，2006，p. 181。

斯特里特认为追踪论在俭省性、清晰性和适用的范围上都远不如另一种"适应性纽带说（adaptive link account）"，按照这种解释，"做出某些评价性判断的倾向有助于我们祖先的繁衍成就，这不是因为它们构成了对独立的评价性真理的感知，而是因为它们在我们祖先的环境和它们对这些环境做出的反应之间建立起适应性的纽带，使他们以有利于繁衍的方式去行动、感受和相信"。[1] 也就是说，道德判断的机制不是要检测客观世界中的对与错，而是在于强化在特定情境和特定反应之间的关联。由此，斯特里特认为实在论者面对达尔文式困境的两种选择都不令人满意，因此很难摆脱这种困境。

面对这几种立足于进化论的反实在论论证，也有很多学者试图做出回应并为实在论做出辩护。例如，通过质疑人类道德是演化的产物来质疑这种反实在论论证的经验基础；把道德属性解释为依赖于反应的属性（response-dependent property），并由此论证道德属性具有一种与客观性相分离的实在性；[2] 也有学者对亚里士多德的美德伦理学加以改造，根据自然选择来理解人的功能，再用功能性事实来理解道德事实，试图在接受对道德心智的进化论解释的同时也不放弃道德客观性的思想。[3]

---

[1] Sharon Street, "A Darwinian Dilemma for Realist Theories of Value," *Philosophical Studies*, Vol. 127, No. 1 (2006), pp. 127.

[2] 这种观点详见 Jesse Prinz, "Acquired Moral Truths," *Philosophy and Phenomenological Research*, Vol. 77, No. 1 (2008), pp. 219 - 227。

[3] 这种观点详见 William Casebeer, *Natural Ethical Facts: Evolution, Connectionism, and Moral Cognition*, Cambridge: MIT Press, 2003。

通过对进化论伦理学领域内不同层面的问题的梳理，我们可以看到，随着十九世纪末二十世纪初对社会达尔文主义在哲学上的合法性所做的集中批评，试图基于进化论推演出道德原则的规范性进路已趋衰微。更多的学者把注意力放在了解释性的层面和形而上学的层面，即如何基于进化论对人类道德的起源和本质做出解释，并基于这种解释对道德信念的客观性问题做出反思。我们也可以看到，基于进化论的反实在论论证根本上依赖于对人类道德的演化解释。因此，对道德的演化解释的可靠性问题是这一领域的基础性问题，也是本书所关注的重点层面，下一章我们将继续讨论几种重要的演化解释模型。

2. 对人类道德的适应论解释

在讨论不同的解释模型之前，我们有必要首先厘清所谓对道德的演化解释究竟是一种什么样的解释？它具有什么样的特征？又容易遭受怎样的误解？

2.1 演化、自然选择与适应性

在生物学家、心理学家试图对道德做出演化解释的时候，他们是把道德作为人类这个物种所具有的一种经验特征加以研究的，正如我们可以用演化的方式来解释人眼的发展变化一样，我们也可以用类似的方式来解释道德的产生和嬗变。由达尔文所创立的演化解释，其核心机制是自然选择，对自然选择，达尔文有这样的解释：

> 倘若……变异确乎发生，而且别忘了产出的个体远远多于可能存活的个体，那么，难道我们还能怀疑那些比其他个体更具优势（无论其程度是多么轻微）的个体，会有

> 最好的生存和繁衍的机会吗？另一方面，我们可以确信，哪怕是最为轻微的有害的变异，也会被“格杀勿论”的。这种保存有利的变异以及消灭有害的变异的现象，我称之为“自然选择”。[1]

从中我们可以总结出经由自然选择的演化所具有的三个重要条件：首先，同一物种的个体数量要达到一定规模，不同个体身上又具有不同的性状特征，这既包括生理结构上的特征，也包括行为习性方面的特征；其次，这些具有差异性的性状特征是可以一代代遗传的；最后，具有某些性状特征的个体的存活率和繁殖率高于具有另一些性状特征的个体，于是具有更强的竞争优势，在后代群体中所占比例也更高。自然选择就是通过个体性状变异引起后代群体的性状比例产生变动，并最终进化成新物种的过程。在这个过程中，能够增加群体数量的有利变异称为适应性变化（adaptation）。这些变异会有助于个体的生存和繁衍，尤其是在环境发生变化的时候。具有有利性状特征的个体能够繁衍更多的后代，而不具备这些有利性状的个体繁衍的后代则较少，很可能最终会走向灭绝。可见自然选择是差异性、遗传和生存斗争共同作用的结果。接下来，我们将澄清对经由自然选择的演化解释的几个通常的误解。

---

[1] 查尔斯·达尔文：《物种起源》，苗德岁译，南京：译林出版社，2018年，第107页。

第一，演化并不必然等同于进步。在上文中追溯进化论和伦理学的理论渊源的时候，我们已经提到，把演化理解为向上的进步最初源于以斯宾塞为代表的社会达尔文主义者，他们认为演化是有方向的，是从恶的、非道德的状态发展到善的、有道德、有价值的状态的过程。例如，斯宾塞就认为进化就是从未经分化的，或者他称之为"同质"的状态过渡到复杂的、异质的状态。当代的社会生物学家威尔森也说"生命历史整体的平均值经历了从简单、少量到复杂、大量的变化。在过去的数十亿年间，动物作为一个整体，在体格大小、觅食和防御技巧、大脑和行为复杂性、社会组织和控制环境的精确性上都发生了向上的进化"，[1] 并得出结论说，就几乎任何直观的标准来看，进步都是作为整体的生命进化的一种属性。

但是，这种进步主义的演化观正在日益遭到质疑，自然选择也并不见得会促进进步。在进步主义看来，人类相比于其他生物来说是"更进化的"，并且是地球进化历史的必然产物和最高峰，这种观点虽然看似合理并在大众中很流行，但是被许多进化生物学家认为是很武断的。首先，所谓"更进化"的说法是很含糊的。从生物学的观点来看，在自然选择的生存斗争中胜出的两个标志就是存活率和繁殖率，而艾滋病毒在这两方面上都远远超过了人类；许多病毒拥有百亿年的进化历史，也远

[1] Edward O. Wilson, *The Diversity of Life*, Cambridge, Mass.: Harvard University Press, 1992, p. 187.

远长于人类历史；流感病毒的蛋白质更是以人类蛋白质百万倍的速度不断演化。把人类当作进化的顶点是一种人类中心主义的做法，从演化的观点来看，人类只不过是不计其数的演化产物中的一个。

其次，人类的出现也并非是演化历史的必然产物。进化生物学家史蒂芬·古尔德（Stephen Jay Gould）用著名的“回放生命录影带”的设想，引导我们看到，人类的出现是一系列偶然事件的结果。他写道：“既然恐龙的脑容量没有显著变大的趋势，而且这种趋向也非爬行动物构造力所能及……，我们不得不做出如此假设：要是宇宙灾难没有降临在恐龙身上的话，意识本不会在我们的星球上进化出来。毫不夸张地说，我们之所以能作为有推理能力的大型哺乳动物存在，还得归功于我们所在的这颗幸运星球”。[1] 因此，我们通常意义上所理解的朝向更复杂、更善、更有价值的进步在演化历史上并非是不可避免的，古尔德甚至把“进步”看作是一个有毒的概念，它植根于我们的文化之中，又是不可验证、不可操作，甚至难以处理的，如果我们希望理解历史发展的模式，就必须替换掉这个观念。[2]

第二，适应性变化（adaptation）和适应性（adaptiveness）

---

[1] Stephen Jay Gould, *Wonderful Life: The Burgess Shale and the Nature of History*, New York: W. W. Norton, 1989, p. 318.

[2] 参见 Stephen Jay Gould, “On Replacing the Idea of Progress with an Operational Notion of Directionality,” in M. H. Nitecki ed., *Evolutionary Progress*, Chicago: University of Chicago Press, 1988, pp. 319－338。

是两个概念，说一个特征是适应性变化并不等于说这个特征必定是有适应性的，反之亦然。生物学家艾利奥特·索伯（Elliott Sober）对这个两个概念的差别做了清楚的阐释。他这样来定义适应性变化："在一个群体中，特征 c 是一种完成任务 t 的适应性变化，当且仅当这个群体的成员现在之所以具有特征 c，是因为在其祖先那里，自然选择青睐于具有特征 c，而且正因为 c 完成了任务 t，才赋予了群体成员以适应性优势"。[1] 这个定义表明，说一个特征是适应性变化并非指的是它**现在**有利于有机体适应环境，而是说它**在历史上曾经**有利于有机体适应环境。比如说哺乳动物的心脏是一种用于供血的适应性变化，这指的是哺乳动物现在之所以有心脏是因为在其祖先那里，拥有心脏赋予了有机体以适应性优势，而心脏之所以被自然选择青睐是因为它为血液流动提供动力。

按照对适应性变化的这种定义，就不难理解为什么有些特征明明是有适应性的，但却并非是适应性变化。索伯以海龟为例，海龟用前腿在沙滩上挖洞埋蛋，前腿对于筑巢储蛋来说当然是有用的，但却并非是完成这项任务的适应性变化，因为早在海龟脱离海洋筑巢之前它们就已经拥有前腿了。反过来，作为适应性变化的特征对有机体来说在当下并不一定是有适应性的，例如人类的阑尾，一些穴居动物退化的眼睛，虽然都是适应性变化的产

[1] Elliot Sober, *Philosophy of Biology*, Boulder: Westview Press, 2000, p. 85.

物，但是在目前的环境中都并不具有适应性了。此外，索伯也强调需要把个体发生学上的适应性变化（ontogenetic adaptation）同种系发生学上的适应性变化（phylogenetic adaptation）区分开来。进化生物学家关心的适应性变化是种系发生学上的适应性变化，它们是在进化历史中产生，并影响了有机体作为整体的适应性。个体发生学上的适应性变化则包括了我们在生活中习得的行为，比如入乡随俗，为了治疗某种疾病而调整饮食，这对于个体的生存繁衍来说，当然是有适应性的，但却并非是演化理论中所讨论的适应性变化。

澄清了自然选择的概念，以及经由自然选择的演化理论的一些通常的误解，在接下来的几节中，我们将继续探讨把人类道德也解释为自然选择的适应性产物的几种经典模型。对道德起源的演化解释试图对道德的最初形成，持续存在的源泉，以及根本原则提供一种整体的理解。建立这种解释可以从两类大的问题入手，一类问题关注道德为什么会产生，试图探究道德起源的终极原因，即究竟是什么样的演化力量使得人类成为有道德的存在者。另一类问题关注道德如何产生，或者横向地探究人类做出道德行为和道德判断的直接动力机制，或者纵向地探究在人类演化历史上道德是如何从我们祖先身上历经各种变化而发展起来的。一些经典的适应论模型都是为了回答“为什么产生”的问题而做出的尝试。许多进化生物学家和进化心理学家都试图沿袭达尔文的思路，把自然选择作为道德产生的终极动力机制。而要论证道德是自然选择的产物，是适应性变化的结果，就需要回答究竟是什么样的选择压力驱使了道德的演化，即拥有道德特征的个体较之于并不拥有道德特征的个体，在生存和繁衍上为什么是更具优势的。为此，一些解释道德演化的适应论模型被建构出来，按照这些模型，自然选择会更为青睐那些有道德的存在者。[1]

2.2 亲缘选择和基因眼的观点

当进化生物学家最初试图用自然选择来解释道德起源的时候，遇到的一个明显的难题就是“利他主义悖论（altruistic dilemma）”。从自然选择的演化视角来看，生物圈中的每个有机体都处于残酷的生存竞争中，它们似乎理所当然地应该以提升自己存活和繁衍机会的方式来行动。但是令人不解的是，我们在动物王国中，尤其是有着复杂社会结构的物种中，却看到大量的利他行为，例如，吸血蝙蝠会将吸食的血液反刍分给那些饥饿的同伴，土拨鼠会冒着生命危险警示同伴有老鹰来临，无法生育的工蚁会贡献生命照料蚁后、守护蚁巢等等。进化生物学家们把这类行为称之为生物利他主义行为，即以牺牲自己利益为代价而有助于他者利益的行为，这里的代价和利益是根据繁衍成就，也就是预期的后代数量来衡量的。在动物做出利他行为的时候，它自身的适应性明显降低，因此相对于一个自

[1] 对于这些解释模型的批判性梳理，亦参见徐向东：《理由与道德》，北京：北京大学出版社，2019 年。

私的动物来说就会处于选择劣势。设想一只土拨鼠在看到老鹰的时候发出警报，而它的同伴却没有这样做，那么在其他条件相同的情况下，自私的土拨鼠就会比利他的土拨鼠具有优势，因为它既没有将自己置于危险的境地，却又可以受益于同伴的警报。因此，我们应该指望自然选择会青睐那些并不发出警报的土拨鼠。但是这就提出了一个难题：报警的行为最开始是怎么演化出来的？在生物圈中广泛存在的利他主义行为如何能够与达尔文主义的基本原则相调和？

一种很直观的回答是，虽然这种利他行为对个体的生存和繁衍不利，但是在群体层面，它可能就是有利的。不难想象如果一个群体包含了很多利他者，每个利他者都会为了群体利益而牺牲个体利益，那么这个群体相对于主要由自私的个体构成的群体来说，就很有可能具有生存和繁衍上的优势。这种用群体选择来解释生物利他行为的想法最早见于达尔文。他在《人类的由来》中，就讨论了人类的利他行为和自我牺牲的行为的起源。他注意到这种行为虽然对个体的“原始人”是不利的，但是在群体层次上可能是有利的：“一个部落包含着许多这样的成员：他们由于具有高度的爱国精神、忠诚、服从、勇敢以及同情而总是准备好互相帮助，并为了共同的善而牺牲自己，这样的部落会战胜许多其他部落；而这大概就是自然选择”。[1]

---

[1] Charles Darwin, *The Descent of Man, and Selection in Relation to Sex*, pp. 157 - 158.

也就是说，利他行为可能是通过群体间的选择进程而演化出来。

这种群体选择的解释虽然看似合理，但是自二十世纪六十年代开始就受到了进化生物学界的高度质疑。其主要原因在于群体选择所指向的演化结果在自然繁育的群体中是很难达到的。简单来说，这是因为利他者的群体几乎总是受到群体内部通过变异（mutation）衍生的自私者的威胁，即道金斯所说的“来自于群体内部的颠覆（subversion from within）”。[1] 这种“颠覆”指的是，即便利他主义在群体层次是有利的，但是在任何群体中，利他者总是容易被自私的“搭便车者”所剥削利用。搭便车者从利他者的行为中受益，但是却并不付出任何代价，因此具有明显的适应性优势。这样一来，即便一个群体完全由利他者构成，但是只要出现一个自私的突变者就会终结这个彼此忠诚友善的理想局面。因为，这个自私的突变者根据其在群体内部的相对适应性优势，就会繁衍出比利他者更多的后代，并最终淹没利他者；又由于个体的寿命要远远短于群体的寿命，自私的突变者产生和扩散的概率就非常高，从而利他主义群体遭遇颠覆的可能性就非常大。于是，这种“来自内部的颠覆”就暴露了群体选择解释所具有的重要缺陷。

在这个背景之下，一种新的解释，即亲缘选择理论应运而生。这种理论是建立在对自然选择所发生的基本层面进行重新

---

[1] Richard Dawkins, *The God Delusion*, New York: Houghton Mifflin, 2006, pp. 7 - 10.

思考的基础之上的。它认为自然选择的基本单元，不是物种，也不是群体，甚至严格说来，也不是个体，而是遗传的基本单元——基因。也就是说，生存竞争是在基因层面展开的，驱动自然选择的不是个体的繁殖，而是基因的复制。衡量选择优势的“适应度（fitness）”也并非是有机体个体本身的一种属性，而是一种“整体适应度（inclusive fitness）”，要衡量一个有机体的整体适应度，要考虑的就并非仅仅是个体自身的繁衍成就，而是需要加上它对分享相同基因的其他个体的繁衍成就的影响。

在整体适应度的观念之上，再来看亲缘选择的基本观念其实并不复杂。设想基因 G 会引发其携带者做出利他行为，[1] 如发警报，表面上看起来，这种行为势必会牺牲掉携带者的繁衍利益，并降低其适应性，从而被自然选择所淘汰。但是，假如利他者并不是不加区分地向任何个体发警报，而只是针对其亲属的话，情况就会发生变化：这时候受惠者就有一定几率也携带着和利他者相似的基因，即便利他者因为发警报而牺牲，他的基因仍旧可以通过亲属传递下去，这种基因导致个体做出降低自身适应性，但是提升亲属适应性的行为，这种行为的整体后果是提升了利他基因在后代中的数量，以及利他行为本身的数量，从而可以通过自然选择而扩散开来。

---

[1] 注意，这种说法并不蕴含着基因决定论的观点。所谓导致利他行为的基因实际上是一种简化的说法，指的是一种基因在某种程度上提升了其携带者做出利他行为的概率。只要这个行为具有遗传性的构成要素，即受到一个或多个遗传因素的影响，这个说法就是成立的。

生物学家威廉·汉密尔顿（William Donald Hamilton）对这个观念做出了明确的说明并给出了严格的证明，他提出当利他行为满足“汉密尔顿规则”的时候，就会被自然选择所青睐。[1] 这个规则说的是，利他者付出的成本（c）要小于受益者所获得的收益（b）乘以两者之间的亲缘系数（r）（亲属关系越近，亲缘系数越高），即 $c < rb$。这里所说的成本和收益都是根据繁衍成就来衡量的。这个规则一方面可以说明为什么一视同仁的利他行为是要被淘汰掉的，因为其成本很有可能超出收益和亲缘系数的乘积。另一方面也告诉我们只要利他者付出的成本在亲缘关系足够近的亲属身上产生出足够多的收益，那么它对个体繁衍成就所造成的损害就会被抵消掉，利他基因就可以通过自然选择而传播开来。

不过值得注意的是，要满足汉密尔顿规则，并不要求动物必须有明确区分亲属和非亲属的能力，更不用说计算亲缘系数的能力。虽然有些动物确实可以通过气味直接分辨出亲属，但是这种能力并非是必要的，亲属所具有的某些特征可以使得在并不直接知道亲缘关系的条件下就能被方便地识别出来，例如，亲属总是倾向于居住在一起，如果某个动物的利他对象是其近邻，那么这个行为的受益者就很有可能是其亲属，而这并不需要预设利他者具有有意识地识别出亲缘关系的能力。

---

[1] 详见 William D. Hamilton，“The Genetical Evolution of Social Behaviour I and II,” *Journal of Theoretical Biology*，Vol. 7（1964），pp. 1-16，17-32。

此外，亲缘选择理论也可以从“基因之眼（gene's eye）”的观点得到更好的理解。这种观点和整体适应度的观念一脉相承，认为演化在根本上是基因之间相互竞争的过程，而个体有机体只是基因用以帮助其复制的“载体”。[1] 在后代中获得尽可能多复制的基因就会具有选择优势，当某种基因的一个载体对其他载体做出利他行为，只要这个行为的成本和收益满足汉密尔顿规则，那么它就会促进这种基因在后代当中的表达，因此从个体有机体的观点来看似乎是反常的利他行为，从基因之眼的观点来看就不难理解了。

亲缘选择理论也为许多经验研究所证实。按照这种理论，我们会预测在生物圈中的利他行为更有可能是针对亲属的，而且亲缘关系越近，利他的程度就越深，而事实也往往如此。例如，日本猕猴所做的抵挡袭击、分享食物这样的利他行为，都倾向于是针对近亲的；许多鸟类也是更有可能帮助亲属养育子女，而不是非亲属的同类，诸如此类的例子在动物界中不胜枚举。

更进一步说，亲缘选择理论是不是也可以用来解释人类的某些利他行为呢？一方面，我们甚至不用引入专门的研究数据，就可以很轻易地观察到，人类总是倾向于对家庭成员给予更多的关切，也甘愿为他们做出更多的牺牲，而且亲缘关系越近，这种关切和牺牲的程度就会越高，这与强调基因层面的自然选

---

[1] 详见 Richard Dawkins，*The Selfish Gene*，p. 14。

择和整体适应度的亲缘选择理论的预测都是非常一致的。但是另一方面，我们也需要注意到人类的利他行为和上文所说的生物利他行为之间有个重要的差别，那就是人类的利他行为是有意图的，而生物圈中的许多利他行为，如社会性昆虫的利他行为是没有意图可言的。也就是说，人类不仅能做出利他的行为，还具有一些利他的心理倾向。进化生物学家和心理学家们通常用直接动力机制（proximate mechanism）概念来解释这种利他心理的作用，这个概念指的是引发适应性行为的内在心理机制或模块。当针对亲属的利他行为在一代又一代人群中展现出选择优势的时候，一种关心家人并为之牺牲的倾向和欲望就会逐渐形成，它们能够稳定而可靠地引发出具有适应性的亲缘利他行为，因此也能够为自然选择所青睐。

不过，虽然亲缘选择理论确实可以很好地把人类针对亲属的利他行为和心理倾向解释为一种适应性变化和自然选择的产物，但是一个明显的问题是，在人类社会中，还存在许多针对非亲属的利他行为和倾向，这又该如何解释呢？有人尝试从亲缘选择的角度对这个问题做出回答。我们前面提到过，要探究适应性变化，需要回到祖先所生活的环境。道金斯就设想，早期人类很有可能是以小型村落的方式生活，周围的人或多或少都具有亲缘关系，遇到陌生人的机会是非常少的，在这种情况下，就任意一个利他行为来说，其受益者都极有可能是亲属，被浪费在陌生人身上的可能性是极低的，这样一来，不加区分的利他行为就非常有可能满足汉密尔顿规则，并对适应性有促进作用，但同时又比区分对象的利他行为更为节约成本。因此，在祖先所生活的小型熟人社会中，一种无差别的利他行为就很有可能受到自然选择的青睐而成为适应性的变化。而在大规模的现代社会中，无差别的利他行为让亲属收益的几率是微乎其微的，也显然是缺乏适应性的。但是，这种已经失去适应性的特征作为一种适应性变化在我们身上已经根深蒂固，并时常“擦枪走火（misfire）”，例如给陌生人捐款就属于这种情形。这就像偏好高脂肪高热量的食物在资源匮乏的祖先那里曾经是有适应性的特征，即便这种偏好在现代社会中已经不再具有适应性，但还是会深深地影响着我们。[1] 这种设想的确有助于解释用亲缘选择很难解释的一些利他行为。但即便如此，它在解释范围上仍旧有其限度。一方面，人类社会的发展必然要超越以家庭为中心的小规模结构；另一方面，对于已经并不适于它们最初功能的那些倾向和欲望，我们虽然仍旧受其影响，但是会有意识地对其加以约束和控制，然而，针对非亲属的利他倾向在大多数情况下都会被认为是人类道德的重要组成部分，而且是尤其需要加以促进和鼓励的部分。因此，要说明人类的利他行为和倾向就还需要其他方式的解释模型。

2.3 互惠利他主义

鉴于亲缘选择的有限性，罗伯特·特里弗斯（Robert Trivers）

[1] 参见 Richard Dawkins，*The God Delusion*，pp. 220－222。

等人试图以“互惠利他主义”的模型来解释针对非亲属的利他行为。这个模型的基本观念是这样的：在一个成员之间有频繁接触的团体之中，设想利他基因 G 所引发的行为是特别针对在将来有可能做出回报的个体，当这种基因携带者牺牲了较小的繁衍利益，却大大促进了受益者的繁衍利益，而接下来受益者又回报了施惠者，那么最初的成本就会被推后的收益所弥补，G 基因还是会受到自然选择的偏爱。

和亲缘选择模型不同，在互惠利他主义模型中，并不需要两个个体是亲属，甚至都不需要是同一物种的成员。例如，在热带珊瑚礁中，很多种类的小鱼会充当大鱼的“清洁工”，从它们的身体里清除寄生虫。作为回报，大鱼在受到敌人攻击的时候，会等清洁工离开再逃跑，而不是直接吞掉清洁工立刻逃跑。黑猩猩会经常需要同伴来梳理毛发，如果 A 在早上帮助 B 梳理了毛发，那么 B 很有可能在晚些时候与 A 分享食物。

但是，互惠利他主义要起作用，仍旧需要两个重要的条件。首先，个体之间需要不止一次的相互接触。如果两个个体终其一生只接触一次，那么帮助者显然将不会获得任何回报。其次，帮助者和受益者之间需要具有相互识别的能力，只有受益者能够在将来识别出曾经的帮助者，才可能对其做出回报，同样，只有帮助者能够识别出并惩罚拒绝回报的受益者，互惠才不至于沦为单方面的付出。仍旧以黑猩猩为例，灵长类动物学家弗朗斯・德・瓦尔（Frans de Waal）发现黑猩猩能够记得早先为它梳理毛发的同伴，并且分享给对方更多的食物，而对于那些没有为其梳理毛发却来讨要食物的个体，黑猩猩通常会回以激烈的抗议。[1] 也就是说，在互惠利他主义的模型中，帮助者的收益是一种迟到的收益，他总有一定的风险会无法获得回报，只有在成员之间反复接触的小规模社会中，这种风险才能得到控制，因为只接受帮助却拒绝回报的搭便车者最终将损害自己的利益——即便它避免了付出利他的代价，但是它也会丧失获得回报的机会，因为以后也不再会有同伴愿意帮助它了。

互惠利他主义中所蕴含的合作与背叛之间的博弈在囚徒困境（Prisoner's Dilemma）的案例中得到了很好的体现。设想小张和小李合谋犯罪被囚，如果他们都选择保持沉默，团结合作，那么警方没有足够的口供，只能对他们各判 2 年徒刑；如果只有一方保持沉默（合作），而另一方则选择指认对方（背叛），那么合作的一方则会被判 10 年徒刑，而背叛的一方则被无罪释放；如果他们都选择背叛，互相指认，那么会被各判 5 年徒刑。如果这种合作还是背叛的博弈对于这两人来说是一次性的，而且这两人都想尽可能地躲避牢狱之灾，那么分别来看，如果选择合作，至少判 2 年，至多判 10 年，而如果选择背叛，最好可以无罪释放，最坏是判 5 年，这样一来，要想最大化个人的利益，背叛就是最好的选择。但是，如果这种博弈反复出现，也

---

[1] 参见 Frans de Waal，"Morally Evolved：Primate Social Instincts，Human Morality，and the Rise and Fall of 'Veneer Theory'，" in Frans de Waal，Robert Wright，Christine M. Korsgaard，Philip Kitcher，and Peter Singer，*Primates and Philosophers*：*How Morality Evolved*，p. 43。

就是说这两人再次相遇的可能性非常大的时候，情况就会发生变化。罗伯特·阿克塞尔罗德（Robert Axelrod）和汉密尔顿在实验室中模拟了重复性的囚徒困境（Iterated Prisoner's Dilemma），参与者反复接触，而且能够根据其对手在之前回合中的表现来调试自己的行为。他们发现只要两人再次相遇的几率足够高，背叛就不再必然是最好的选择，而"一报还一报（Tit-for-tat）"的策略较之于包括搭便车在内的其他策略，能够为行动者带来最大收益。在一报还一报策略中，选手遵循两个基本规则：第一，在第一次遭遇的时候，合作；第二，在随后的遭遇中，做你的对手在之前的遭遇中对你所做的事情，即以合作回应合作，以背叛回应背叛。一报还一报策略的成功证实了这样一种想法：在多次接触中，自然选择能够青睐蕴含着短期适应性损失的社会行为。

不过这种解释模型也仍旧存在问题。首先，这个模型所要求的个体之间长期反复的接触最初是如何在非亲属之间出现的？正如菲利普·基彻（Philip Kitcher）指出的，对我们灵长类近亲的社会交往的考察表明，很难设想选择的压力会大到足以将这种互惠利他的倾向拓展到非亲属。合作狩猎，彼此梳理毛发的收益都没有大到需要和非亲属的个体之间建立起循环往复的交往。[1] 也就是说，在资源有限的原始条件下，我们的祖先如

---

[1] 参见 Philip Kitcher, "Biology and Ethics," in David Copp ed., *The Oxford Handbook of Ethical Theory*, Oxford: Oxford University Press, 2006, pp. 168 - 169。

何形成一个互惠利他模型所要求的有大量陌生人存在的社会，这本身就是一个需要说明的问题。其次，即使这个模型能够说明非亲属之间的利他倾向为什么有适应性的优势，但是，在人类社会中还是有许多利他行为并没有在今后从受益者那里获得回报的可能，例如，给不知姓名也不会再相见的乞丐捐钱。那么，从演化的角度有没有可能说明那些并不具有回报可能性的利他行为呢?

2.4 间接互惠利他主义

鉴于互惠利他主义存在的困难，演化生物学家理查德·亚历山大（Richard Alexander）提出了间接互惠利他（indirect reciprocity）的模型。大致来说，这个模型说的是，如果一种有益于他人的品质有利于其拥有者从第三方的利他行为中受益，那么这种品质就还是会为自然选择所青睐。在这个模型中，施惠者的回报不像上一个模型所说的是由受益者直接提供的，而是通过一个“第三方”间接提供的。这个第三方可以是一个个体，也可以是一些个体的集合。亚历山大提到了这种回报的三种主要形式。第一，他人观察到了施惠者的行为，并判断他为一个潜在的理想合作者，由此他的名声或地位得到了提升，这使他更有可能在今后参与到令他受益的互惠交往之中；第二，施惠者可能受到全体或部分社会成员的直接补偿作为奖赏，比如奖金、奖牌或英雄的称号，这继而又提升了他自己及其亲属获得额外利益的可能性；第三，施惠者通过有益于群体的举动促进了群体的成功，这又有益于他自己的后代和亲属的成功，这本身对于施惠者来说也可以是一种奖赏。而反过来，那些总是被别人观察到不知回报或者不遵守社会规则的个体则会受到各种惩罚，包括众人的排斥和躲避。[1] 也就是说，即便一个施惠者在互惠合作中没有得到受益者直接的回报，但是可以通过名声和地位的提高，赢得更多潜在的合作者的信任，乃至整个共同体的奖赏。间接互惠的机制导致社会群体的每个人都基于过去以及未来潜在的社会交往，对他人不断地做出评价和再评价，而在这个持续的评价之中，那些没有直接受益的施惠者其繁衍成就上的损失会通过名声的提升而间接地得到补偿，所以这种并不具有直接回报的利他行为和倾向也可以从演化的角度得到说明。

间接互惠性的模型可以说是对直接互惠利他主义模型的一种补充和拓展，但是这种基于互惠性的模型还是面临着一些严重的挑战。首先，直接的互惠利他模型是严格限定在两两配对的交往之中，但是道德行为显然并不只是发生在成对交往的情形之下，许多利他行为的对象是众多个体的集合。亚历山大在间接互惠性模型中提到的第二种和第三种回报形式都在试图将互惠性从成对交往扩展到更大的范围，例如解释士兵为整个国家做出牺牲的情

---

[1] 参见 Richard Alexander，*The Biology of Moral Systems*，New York：Routledge，1987/2017，p. 94。

形。但是这种扩展是否成立则是值得质疑的。有利于共同体的行为会面临的演化难题让我们回想起上文提到的“群体选择模型”一开始受到的挑战。虽然这些行为有可能获得共同体的嘉奖，从而弥补他们的牺牲给自身繁衍成就带来的伤害，但是除非这个共同体的所有成员都是利他者，否则只要存在一部分自私自利的搭便车者（他们只享受利他者所给予的利益，而自己却不用付出任何代价），那么利他者的适应性即便有可能得到补偿，但还是会低于这些自私者的适应性，从而陷入道金斯所说的“来自于内部的颠覆”，并由此为自然选择所淘汰掉。而如果把间接互惠利他的模型限于第一种回报，那么就仍旧无法摆脱成对交往所面临的局限性，即合作规模如何得到扩展的问题。

其次，无论是哪种形式的互惠利他模型，都是旨在解释利他行为和倾向的演化问题，即促进他人适应性的行为是如何在自然选择的过程中得到维持和发展的。但是，正如钱德拉·斯里帕达（Chandra S. Sripada）所指出的，利他行为和倾向只是人类道德中的一部分，还有许多属于道德领域内的规则并不是用来调节社会合作的，例如禁止乱伦、通奸的规则，禁止食用某些食物的规则，禁止伤害某些动物的规则。我们很难看到如何可以把互惠利他模型用来解释那些与利他行为无关的道德规则的演化。[1]

此外，互惠利他模型也无法充分地解释惩罚在人类道德中

---

[1] 参见 Chandra S. Sripada, “Punishment and the strategic structure of moral systems,” *Biology and Philosophy*, Vol. 20（2005）, pp. 775－776。

的地位。不可否认，两种形式的互惠利他模型中都提到了某种形式的惩罚，但是这种惩罚仅限于“不合作”意义上的惩罚。“一报还一报”的策略所蕴含的要旨就在于用相似的行为回应相似的行为，即用合作回应合作，用背叛回应背叛，这意味着背叛合作的人在以后的社会交往中将不会有人愿意和他合作，这种合作机会的丧失就构成了一种惩罚，所以在亚历山大看来，合作和惩罚就是一个硬币的两面。但是值得注意的是，人类生活中的惩罚并不仅仅止于消极地防止背叛者在未来继续从合作中受益，而更会积极地在背叛者身上施加伤害。例如，如果一个人独吞猎物而没有和集体共享，那么他会受到鞭打或者公开的羞辱。这种积极形式的惩罚在人类社会中是非常普遍的，而且有许多心理学和行为经济学的研究都表明，人们甚至不惜以牺牲自己的利益为代价，为背叛合作以及违背规则的人施加伤害。例如，在厄内斯特·费尔（Ernest Fehr）和西蒙·盖希特（Simon Gachter）所做的一系列关于“公共善”的实验表明，当人们作为旁观者，观察到他人不为公共福利做贡献，而坐享他人的奉献时，很多人会不惜损失自己的钱财而让这种自私的搭便车者受到经济上的制裁。[1] 也有实验表明，人们较之于背叛者被原谅的情形，更愿意看到背叛者为自己的行为而遭受痛苦。[2]

[1] 参见 Ernest Fehr and Simon Gachter，“Altruistic Punishment in Humans,” *Nature*，Vol. 415（2002），pp. 137 – 40。

[2] 参见 Edouard Machery and Ron Mallon，“Evolution of Morality,” in John Doris and the Moral Psychology Research Group，ed.，*The Moral Psychology Handbook*，Oxford：Oxford University Press，2010，p. 29。

而且惩罚也不仅仅限于与合作有关的情形，违反与利他无关的道德规则同样会招致惩罚。而互惠利他模型都无法仅仅诉诸互惠性来解释这类惩罚背后的机制。因此，这类模型对人类道德的产生和发展所做出的解释也是不充分的。

通过梳理几种重要的适应论模型，我们可以得出两点启示：一方面，要把人类道德理解为自然选择的产物是一项仍旧面临许多挑战的工作。其困难之处在于，它并不只是宣称人类道德具有系统发生学的历史，这意味着仅仅通过追溯我们灵长类祖先在心理上发生的变化来解释道德的出现是不够的，因为这些变化并不一定都是自然选择的结果，有可能是随机的基因突变的结果，也有可能是创立者效应的后果，还有可能是基因瓶颈的后果。把道德解释为自然选择的产物需要指明道德的演化功能是什么，即究竟是什么样的选择压力可能驱使了它的演化，使得具有道德感的个体较之于没有道德感的个体，在生存和繁衍上都更有优势，而正是在这一点上，许多适应论模型遭到了质疑。

另一方面，这些适应论模型关注的重点是人类的利他行为以及利他心理，但是必须注意到，这些只是人类道德的一部分，而且是与许多社会性动物所共享的部分，它并没有触及人类道德的独特之处。而人类道德最核心的部分则在于做出道德判断的能力，即根据一些关于行为和情感的规则，对行为以及行动者的是非善恶做出规范性的评价。利他行为和利他的心理倾向正是因为它们与道德判断的相关性而具有了道德上的重要性，因此，在刻画了进化论伦理学的基本图景之后，我们将转入对道德判断的讨论，探究进化论对我们理解人类道德判断的形成以及做出道德判断的能力具有什么作用。

3. 道德判断的心理机制

在上一章中，我们已经讨论了对人类道德起源所提出的一些适应论模型。我们从中可以看到，对道德的演化解释主要还是集中在对利他行为和利他情感的探究之上。在本章中我们将注意力转移到人类道德中一个更根本的问题，即道德判断的问题，演化理论对于我们理解人类的道德判断有何贡献？为了回答这个问题，本章将首先界定人类道德判断的基本特征，然后区分探究道德判断的几个维度，进而指明本书所关注的演化进路主要是在哪些层面上来对道德判断进行研究的，可以看到诉诸演化对道德判断做出解释的理论进路与哲学传统中的情感主义进路是一脉相承的。

3.1 道德判断的基本特征

对人类道德做出演化解释的许多尝试都将注意力集中在利他主义上，但是正如我们已经指出的，虽然道德和关心他人的利益密切相关，但是道德并不仅仅只关乎利他的行为，否则的话，和同伴分享食物的吸血蝙蝠就也是有道德的了，道德与发生在行动者内心当中的动机、倾向、意图具有更为重要且根本的关联。这也是道德哲学家更为关注的做出道德判断的能力。虽然关于道德判断的本质和特征在哲学上有诸多争论，但是在探讨从演化的角度理解道德判断之前，我们仍旧有必要首先澄清道德判断的基本内涵以及其与其他相似概念的区别。

在最一般的意义上来说，道德判断是关于行为以及行动者的品格的是非善恶的评判，它属于规范性判断的一种。还有许多判断虽然也是规范性的，但是却并不一定与道德相关，这包括关于合理性的判断，也就是对逻辑一致性的判断，例如，既然你是无神论者，那么你就不应该相信神迹是真实的；还有审美上的判断，例如你不应该穿旗袍配运动鞋；还有慎思性的判断，例如，如果你想保持心血管健康，那么就不应该吃高脂肪高胆固醇的食物；也有关乎习俗的判断，例如，在日本，中小学生都应该穿校服上学。那么道德判断作为一种针对行为、品格、情感和意图的独特的判断，和这些其他类型的规范性判断相比有什么独特之处呢？有些哲学家认为道德判断表达命令，有人说道德判断是表达我们对人或事物的感受的方式，也有人说道德判断是在陈述道德事实。究竟是什么样的事实呢？有人说道德判断陈述的是说话人的事实，或者有关说话人的文化的事实，而实在论者则认为道德判断在陈述独立于心灵的客观事实。

我们将暂且把有关道德判断的形而上学、元伦理学争论放在一边，主要关注于经验层面的道德判断所具有的特征，因为这些特征正是演化解释所关注的对象。我们可以从一个道德判断的实例入手来考察它所具有的特征。随着医疗技术手段的进步，有许多濒临死亡的病人，甚至是已经丧失意识处于深度昏迷中的病人也还可以通过呼吸机、鼻饲、人工肺等医疗设备来维持生命体征，面对这种处境的病人，能不能对其实施安乐死呢？有人反对这种做法，认为安乐死本质上就是在杀人，因此是错误的（而且在现实中，安乐死在许多国家也都是不被允许的）。那么，当我们对安乐死做出这样一个道德判断的时候，它表达了什么呢？这个判断首先表达了一种意动态度（conative attitudes），也就是和欲望相关的态度，在这个语境之下，具体指的就是对安乐死的不赞成、也不希望这种事情发生的态度，但是这个判断显然也并不仅仅是在表达一种事关个人好恶的欲望。我们可以用一个类比来说明这一点，例如，我喜欢往豆腐脑里拌白糖吃，也不赞成像北京人那样往豆腐脑里放卤汁，但是这种意动态度却不意味着我也同时认为拌白糖之外的吃法都是不允许的。而当一个人在表达安乐死是错误的时候，却不会只是停留在表达个人对这种做法的厌恶之上，而是通过将安乐死理解为一种形式的杀人来表明这种做法是任何人都不应当采取的，是一种需要被禁止的行为。

乔伊斯在《道德的演化》中总结道德判断的特征时，就特别强调道德能力的核心要素就在于对禁令（prohibition）的理解，也就是说能够理解有些事情因为是错误的所以是不应该去做的。他认为要想理解禁令，就需要在禁止和只是不具有某种意愿之间做出区分，也就是说，把某个行为判断为是被禁止的，不同于只是把它判断为是我们不倾向于或不愿意去做的事情。举例来说，陶渊明所描绘的生活在桃花源中的人们，心地善良，彼此友爱和睦，从未暴力相向。但是按照乔伊斯的观点，却很难说这个社会中存在着道德判断，他们似乎对杀戮、偷盗有着天生的抑制机制，他们不做这些事情不是因为这些事情是错误的、邪恶的，而只是因为他们完全不具有做这些事情的倾向和意愿而已。你可以说他们是一群温顺可爱的人，但却无法说他们是具有道德能力的人，因为这些行为的正确与错误并没有出现在他们的考量之中。但是如果一个人在生活困顿的时候有偷盗的意图，却同时意识到不应当用侵占他人财产的方式来解决自己的经济困难，并做出不应当偷窃的判断，那么在这种情形中，阻止他偷窃的是对“禁令”的理解，是对这种做法的正当性做出的反思性判断，这才体现出一个人的道德能力与道德关切。

道德判断不仅是对行为正当性的反思性的考量，而且这种考量也并不取决于个人碰巧所具有的欲望。比如，面对安乐死问题，有人可能会说，“在我临终的时候我想要采取安乐死，这是我所希望的结束生命的方式”。但是反过来也会有人不希望对自己或者亲人采用安乐死，而是尽可能维持生命。而安乐死的正当与否却并不是根据人们个人在这件事情上的偏好和欲望来决定的。我们可以援引康德在“假言命令”和“绝对命令”之间的区分来说明这一点，假言命令是以我们某个特定的欲望或目的为前提的。比如如果你有去美国留学的欲望，那么你应当参加托福考试，而如果你不再拥有这个欲望，那么也就不再受到这个命令的约束，也就是说，假言命令是可以通过放弃某个特定的欲望或目的来规避的。但是在康德看来，道德命令却并不属于这个范畴，而是一种“绝对命令”，也就是说，无论你拥有什么样的欲望，也必须遵守的命令。诸如不可撒谎，不可杀人这样的禁令都是无法通过改变某个特殊的偏好，比如不再从事某种职业，变换自己的生活环境、兴趣爱好等等方式来规避的，这些命令是对所有理性存在者都有效的。将这个区分运用到具体的判断上，我们可以看到，做出“你不应当吃高脂肪高热量的食物”这个判断首先取决于你想要健康长寿的生活欲望，如果你奉行今朝有酒今朝醉的生活信念，那么这个判断对你来说是无效的。但是“你不应当对自己的亲人实施安乐死，因为这样做相当于谋杀”这样一个道德判断，则并不取决于你特定的生活欲望，即便你的亲人碰巧确实丧失了生存的欲望，但是“谋杀是错误的”并不因此就无效了。由此可见，道德判断不仅诉诸禁令，而且这些禁令也是独立于我们的特定欲望的。也是在这个意义上，乔伊斯说，“关涉到行动的道德判断旨在独立于它所针对的人的利益/目的，做出审慎的考量……道德判断并非只是一些审慎的建议而已”，“道德判断是不可逃避的；不存在‘逃脱’之法”。[1]

[1] Richard Joyce, *The Evolution of Morality*, p. 70.

进一步，道德判断也蕴含着应得（desert）的概念，即相应的惩罚与奖赏的系统，也就是说某些行为是应当得到某些类型的回应的。如果我们把安乐死判断为是被禁止的，那么这个判断就意味着如果有人有意实施安乐死的话，那么他应当受到惩罚。而道德领域之外的判断则不具有这个特征，如果你没有依从“不应当吃高脂肪高热量的食物”这样一个判断，我们至多只能把你的行为看作是不审慎的，但却不会认为你应当因此而受到惩罚。乔伊斯用一个假想的共同体来表明应得的概念在道德判断中的重要地位。假设有这样一群社会性生物，他们和我们人类一样，也采用许多命令，诸如不可偷盗、不可伤害等，来管理、支配人际间的关系，他们也将这些命令看作是绝对的，是独立于行动者或评判者本人的特殊欲望的。但是，他们在有一点上和我们不同：如果有人没有遵守这些禁令，比如出于一己私利侵占他人财产的时候，共同体的其他成员却并不会批评、指责他——他们并没有这个人必须为自己的行为付出代价的概念，也不认为违背禁令就应当受到相应的惩罚。在这种情况下，乔伊斯怀疑：“这些生物必然缺乏正义概念的核心要素，也就是得其应得这样一个要素”。[1] 人类作为有道德关切的存在者，其显著的特征在于会认为违反禁令的行为是值得惩罚的，而符合道德要求的行为则是值得赞扬的。

最后，人类也会从第三人称的视角来审视自己的行为，当

[1] Richard Joyce, *The Evolution of Morality*, p. 67.

我们将自己的行为判断为错误的时候，会产生愧疚的情感，觉得自己的行为是值得受到惩罚的，甚至有些时候，这种情感本身就是一种惩罚，也就是我们日常所说的“良心的折磨”。乔伊斯也将这种情感称为“道德良心”，并认为这是调节道德行为的重要机制。[1] 当我们产生愧疚之情的时候，会倾向于为自己的错误行为带来的不良后果做出补偿，这包括向受到自己伤害的人道歉，对其损失进行赔偿，甚至是在罪行并未暴露的时候主动自首等等。而当他人做了坏事的时候，我们也习惯于质问“你如何能心安理得”，以期激发起他人的愧疚之心。这种对自己的错误行为产生羞耻或羞愧的心理机制是作为有道德的存在者的标志性特征之一，而缺乏这种情感的个体也相应地会被看作是具有道德能力上的重要缺陷。如，反社会型人格（sociopathy）或者冷漠的心理变态者（psychopathy）在心理学上的一个重要诊断标准就是在伤害他人之后毫无羞愧或悔恨之心。

以上结合乔伊斯的论述对道德判断特征的归纳并非是穷尽式的，而是试图呈现道德判断的核心内涵，并揭示出我们在对道德判断进行研究的时候需要加以重视的维度。在梳理了道德判断的概念之后，我们有必要进一步澄清探究道德判断的不同视角，以明确演化理论是在哪个层面上对理解道德判断做出贡献的。

---

[1] Richard Joyce, *The Evolution of Morality*, p. 69.

我们大致可以区分出探究道德判断的三种视角，首先是解释性的视角，其核心问题是解释道德判断的形成机制，即人类在接收到环境中的刺激信号时，究竟发生了什么样的心理进程使得人类做出道德判断。其次是规范性的视角，其核心问题是建立起道德判断所依据的规则体系，即我们应当采用什么样的道德原则来指导道德判断，诸如康德主义、功利主义和美德伦理这些主流的规范伦理学理论，主要就是在建立根本的道德原则系统并为其提供辩护的角度上与道德判断的问题发生关联的。此外，还有形而上学，或者元伦理学的视角，其核心问题是道德判断本身的性质是什么？道德判断是在表述信念还是在表达非认知性状态？道德判断是在追踪客观的道德真理还是在表述主观的感受？根据上一章对进化论伦理学的主要关切和基本脉络的梳理，我们可以看到，演化理论在这三个视角上都做出了理论尝试，不过就当代讨论中，与演化理论直接相关，跨学科的研究最为丰富的主要还是集中在解释性的视角，这也将是本书接下来所关注的重点，当然，在论证需要的时候，也会从解释性的视角适当拓展至其他视角。

3.2 解释道德判断的理性主义和情感主义之争

试图诉诸演化理论对道德判断做出解释的研究关注的一个核心问题是：人类做出道德判断的心理机制究竟是什么？在日常生活中，我们总是有意无意地对各种行动和行动者的正当性做出道德评价。因为经济困难就去从事电信诈骗是错误的，将捡到的财物交还给失主是正确的，生活不如意就去伤害无辜的小学生而来泄愤是可耻的，去贫困山区支教是高尚的等等。这些都是典型意义上的道德判断，那么当我们做出这些判断的时候，我们头脑当中究竟在发生着什么呢？换句话说，人类究竟是如何做出道德判断的呢？这在历史上一直是哲学家们所关注的问题。对这个问题也历来存在两种相对的观点。一种是理性主义的解释，认为我们是通过理性慎思得出道德判断，而另一种则是情感主义的解释，认为我们是基于对处境的情感反应得出道德判断。而当代以演化理论为基础的心理学、认知科学的实证研究为这场争论注入了新的活力。而且，这些研究对情感主义解释的支持尤其引发关注和热议。在具体考察这些诉诸演化理论的情感主义解释之前，我们首先有必要简单梳理一下这场争论的基本框架和理论背景。

首先来看理性主义阵营，我们以康德为例来说明这种立场。康德认为所有的理性存在者在实践中都受到绝对命令的约束，即“只按照你能够同时意愿它应成为普遍法的准则行动”，[1]这也被称之为绝对命令的普遍律公式。康德这里所说的“准则（maxim）”是与客观原则相对而言的，准则不是为所有的理性行动者所持有，而只是行动者基于主观理由为自己制定的行动

[1] Immanuel Kant, *Grounding for the Metaphysics of Morals*, third edition, trans., James W. Ellington, Indianapolis: Hackett Publishing Company, 1785/1993, p. 421.

规则，不同的行动者可以有不同的准则。[1] 它描述了在某种经验情境下行动者行动或可能的行动方式，在这个意义上说，我们也可以把它理解为行动的主观理由。而普遍律公式实际上就是对行动的主观理由的一个可普遍化检验。这个检验要求我们设想一个思想实验，即在其他条件不变的情况下，行动者是否能够意愿存在这样一个世界，在这个世界中每个人都能够按照这个准则去行动。

以许假诺为例，可普遍化检验要求我们想象这样一个世界，其中每个人都会自由地运用这样一个准则：当需要的时候，许虚假的诺言以缓解我的经济困难。在许假诺这个准则被普遍应用的条件下，行动者已不再可能意愿他最初的准则，因为这个准则所要实现的目的：通过许假诺以缓解经济困难已不再可能实现，驱使行动者运用这个准则的动机也就不复存在。也就是说，该准则的普遍化事实上破坏了包含在这个准则中的实质性目的，因此，我们不可能设想一个世界，其中所有的人都按照这个准则去行动。就我们是否能够设想一个准则能够无矛盾地被所有人运用而言，普遍化后直接毁灭了或者破坏了某些人的行动能力的准则，比如暴力的准则、强迫的准则、破坏的准则等等都显然是不被允许的。此外，普遍化后破坏了所有人能持续这样做的能力的准则，比如欺骗的准则也是不被允

[1] Immanuel Kant, *The Metaphysics of Morals*, trans. , Mary Gregor Cambridge: Cambridge University Press, 1797/1996, 6: 225.

许的。

从康德的这些论述中我们可以看到，对行为是否可被允许做出道德判断需要首先形成一个行动的理由，然后再将这个理由进行可普遍化的检验，无法通过可普遍化检验的行动理由在道德上是不被允许的，而据此理由做出的行动也就是道德上错误的。这显然是一个反思性的推理过程。那么在这个过程中，情感扮演着什么角色呢？

首先，康德强调道德判断是理性存在者基于道德律而做出的，但是这并不必然意味着情感在这个过程中就是一种歪曲或干扰性的力量，他认为有一些情感是“我们在道德上的天资”，正是因为人性当中存在这些情感，我们才可能从主观上接受道德律以及它所规定的义务概念。[1] 这些天资包括道德情感、良心、对人类的爱以及自尊。其中，“道德情感”指的是当我们意识到我们的行动符合或者违背了义务原则时，我们会相应地感受到快乐或不快乐。这种情感是伴随着我们关于道德律的意识而产生的。我们有义务去培养这种情感，这意味着我们要将这种快乐与痛苦的感受与感官的刺激尽量疏远开来，而要使它们建立在对道德律的表达之上。[2] “良心”指的是人们对义务法则和自己行动的判决所表达出的关心与在意，这种情感是我们每个人都无法回避的，而我们也有义务去培养自己的良心，

[1] Immanuel Kant, *The Metaphysics of Morals*, 6: 399.

[2] Immanuel Kant, *The Metaphysics of Morals*, 6: 399 - 400.

让自己更敏锐地觉察到内心的法官所发出的声音。[1] 与此类似，对他人的爱和自尊都是一种自然的情感，而培养这些情感，对履行仁爱的义务和对自身的义务都是有益的。所以，如果我们并不具有这些情感，我们就不会意识到任何义务。它们是一般而论的人性中已经预先存在的禀赋，也是我们能够运用道德律来做出道德判断的基础。

其次，康德也意识到有些自然拥有的情感可以帮助我们做出恰当的道德判断，例如，“同情”就具有这种功能。康德把同情描述为人性当中自然具有的一种情感，这种情感在道德上的用途就在于它可以帮助我们理解他人的需要和欲望，并且在我们对他人的痛苦和喜悦做出相应的反应时也就表达了我们对他人需求的关注。这种关注使我们看到情境中需要我们做出判断的方面，比如是否需要帮助他人实现目标或者缓解痛苦等等，而这种对他人处境的感同身受也有助于我们做出道德上恰当的判断。

也就是说，康德并不否认有些情感可以在道德判断中起到积极的作用，但是这些积极作用都是在与认识道德律以及应用道德律相关的意义上来谈论的，情感作为人性当中的一种自然禀赋，可以伴随着道德判断的过程，但是对于道德判断来说既不是充分的也不是必要的。

而情感主义的进路却与此相反。这条进路尤其为经验主义

---

[1] Immanuel Kant, *The Metaphysics of Morals*, 6: 401.

哲学家所青睐。他们认为人类具有一种天生的道德感，这个官能使我们对善良的行为感到愉悦的赞同，而对邪恶的行为则感到不悦的反对。休谟特别提出道德判断在形式上和审美判断是相似的，都来源于情感，而不是理性，我们是通过“直接的感受和更为精致的内在感官”，而不是“一系列论证和归纳”获得道德知识的。[1]

休谟首先认为人类的行为是由内在的品格特征所驱动的。而道德判断典型地来说关心的就是人类行为背后的品格特征和动机。有些品格特征是先天的，比如仁慈、慷慨和慈善，而其他品格特征，例如公正、忠诚和贞节则是通过文化的教导而习得的。这些品格特征都是强大的行为驱动力。而行动者由此做出的行动又进一步在行为的接收者和旁观者身上都激发了反应。例如，帮助溺水者脱险这个行动把溺水者从恐惧和痛苦中解救出来，让他感到获救的愉快，而旁观者通过观察溺水者得救的反应也体验到一种感同身受的愉快，旁观者把这种同情式的愉快转化为对施救者行为的评价，也就是对这一行为表示出道德上的赞同，并将其归入美德而不是邪恶的范畴。

这样，做出一个道德判断实际上就是通过情感探测出美德或邪恶的品质所起的作用。这里的情感特别指的是行为在旁观者心中激起的赞同的感受，即爱与骄傲这样的感受，或反对的

[1] David Hume, *An Enquiry Concerning the Principles of Morals*, Tom L. Beauchamp ed., Oxford: Oxford University Press, 1751/1998, p. 74.

感受，即憎恨或谦卑的感受。[1] 我们把产生出赞同的品质称之为“美德”，产生出反对的品质称之为“邪恶”。赞同和反对都是情绪性的反应，它们来源于我们的道德感，而道德感就像听觉、视觉、嗅觉一样是自然的天赋：“这些情绪在我们的天性和性情中是那样根深蒂固，如果不是由于疾病或疯狂使心灵完全陷入混乱，是绝不可能根除和消灭它们的”。[2] 但是这些情绪同时又是“柔弱和温和的”，以至于我们容易把它们和观念相混。而真实的情况是“道德与其说是被判断出来的，还不如说是被人感觉到的”。[3] 在这个意义上，道德判断更加类似于审美的判断，而不是数学中的演绎和推理。欣赏莫奈的《睡莲》，我们感到赏心悦目，对艺术作品之美的这种判断是自动的，并不需要付出认知努力，也不需要思考理由就做出的。而在数学中，从一个公理得出一个结论则是审慎地运用法则进行演算的过程。对救人在道德上的赞同更像是在审美的意义上欣赏一幅艺术品。

对于理性在道德判断中的地位，休谟认为理性和经验在决定一个既定的动机或品格特征的可能的后果上是必要的，因此

---

[1] David Hume, *A Treatise of Human Nature: A Critical Edition*, David Fate Norton and Mary J. Norton eds., Oxford: Clarendon Press, 1739/2007, p. 367.

[2] David Hume, *A Treatise of Human Nature: A Critical Edition*, p. 305.

[3] David Hume, *A Treatise of Human Nature: A Critical Edition*, p. 302.

理性的确在道德判断中扮演了重要角色。但是理性的角色只是从属性的："理性就是、并且也应当只是情感的奴隶，而且除了服务和服从情感之外，再不能有任何其他的职务"。[1] 是情感激发了道德判断，理性能够使我们思考实现目的的最佳手段，但却无法驱动我们对某个目的的选择和偏爱。

对理性主义和情感主义这两条解释进路进行对照之后，可以看到这两个阵营的哲学家都认为理性和情感对于人类做出道德判断来说是重要的，康德没有否定情感的辅助作用，休谟也有没有否定理性的工具意义，但他们的分歧在于究竟哪种力量在道德判断的得出过程中起到了主导性的作用。长期以来，哲学家对这个问题的回答都是诉诸个人观察和理性思辨，而当代诉诸进化论的心理学、神经科学的研究则试图为这些立场做出经验上的验证，采取这条进路的科学家们往往会给予情感主义的解释以更多的支持。在我们具体考察这些道德判断的来源和本质的情感主义模型之前，作为背景和参照物，也有必要首先讨论在经验科学中解释道德判断的理性主义模型。

3.3 道德心理学中的理性主义模型

理性主义模型把道德判断看作是有意识的推理过程的产物，这种观点很典型地表现在由劳伦斯·科尔伯格（Lawrence

---

[1] David Hume, *A Treatise of Human Nature*: *A Critical Edition*, p. 266.

Kohlberg）沿袭让·皮亚杰（Jean Piaget）的思路建立起来的道德认知发展模型（developmental model of moral cognition）中。他采取对成年人和儿童都适用的访谈方法来考察人类在不同的成长阶段是如何做出道德判断的。科尔伯格向受访者展示一些道德的和非道德的难题，然后再探究人们是如何解决这些冲突的。其中最具代表性、也是最著名的就是“海因茨难题（The Heinz Dilemma）”，这个难题描述了以下故事：

在欧洲，有位妇女身患一种罕见的癌症，生命垂危。医生认为有一种药可能可以挽救她的生命。这种药是一种镭，由本城的一位药剂师刚刚发现。这种药制作费用高昂，但是药剂师的要价却是成本的十倍。他花 200 元买来镭，每剂药却售价 2000 元。海因茨是这位患者的丈夫，他四处借钱，但只筹到 1000 元。他告诉药剂师他的妻子要死了，能不能先把药便宜卖给他，以后再偿还剩下的部分。但是药剂师说：“不行，我发现了这种药，而我是要用它来赚钱的。”海因茨走投无路，闯入药店，为他的妻子偷了救命药。[1]

围绕着这个故事，科尔伯格向受访者提出了一系列问题，

[1] Lawrence Kohlberg, *Essays on Moral Development Volume I*: *The Philosophy of Moral Development*: *Moral Stages and Ideas of Justice*, Cambridge: Harper & Row, Publishers, 1981, p. 12.

例如海因茨应该偷药吗？他偷药的举动是正确的还是错误的？你的判断具有道德普遍性还是说只反映你个人的立场？你的判断的基础是什么？等等。对于科尔伯格来说，受访者对海因茨应不应该偷药的回答并不重要，真正重要的是受访者对他们的回答给出的理由。他发现人们在处理这个难题的时候，所给出的辩护性理由在复杂性上是有很大差别的，而这种道德思维的复杂程度是随着年龄而递增的，也反映出人们道德发展的不同阶段。科尔伯格基于长期的访谈研究，区分出从儿童到成人的六个发展阶段。大致来说，他认为儿童一开始的时候都是利己主义者，依据行为带给自己的或好或坏的后果来对行为做出判断。但是，随着儿童认知能力的发展，他们发展出换位思考的能力，或者从他人视角看待处境的能力。换位思考的能力把儿童推向不那么以自我为中心、思辨能力更强的习俗和后习俗阶段的道德推理。我们可以结合海因茨难题具体来看这六个阶段的发展及其特征。

第一阶段是惩罚与服从的阶段。在这一阶段，人们是根据行为对自身所造成的后果来判断对错。有些事情之所以是道德上错的，就是因为它们会招致惩罚，服从规则和权威只是为了避免自身遭受惩罚而已。比如，“撒谎是错的，因为会被罚站”。这一阶段的人并不考虑他人的利益，也意识不到他人利益和行动者的利益是有区别的。对海因茨难题往往会给出这样的回答：海因茨不应该偷药，因为这样做会坐牢；或者说海因茨应该偷药，因为他急需这个药，而且这个药也根本不值药剂师开的价。

虽然是相反的答案，但是诉诸的理由都是以自我为中心的，只考虑偷药对海因茨本人的影响，也完全不会考虑到药剂师的立场。

第二阶段是从自我利益出发，能够有限地对他人利益进行考量的阶段。在这一阶段的人们首先考虑的仍旧是自我利益，但是能把自身的利益和他人的利益区分开来。他们意识到每个人都有自己要追求的利益，而且会发生冲突，这种冲突可以通过公平的利益交换得到化解。但是对他人利益的考量并非是基于对他人的尊重，而只是基于对自我利益的工具性价值。比如儿童在做家务的时候会思考他能从中得到什么，会要求父母给额外的零花钱来交换他的劳动。所以会对海因茨难题给出这样的回答：海因茨应该偷药，因为他会为救活妻子而高兴，哪怕会坐牢。或者海因茨不应该偷药，因为这样他会坐牢，而坐牢相对于挽救妻子来说是一件得不偿失的事情。

这两个阶段被科尔伯格称为前习俗层次（Pre-conventional level），这个层次的道德推理在十岁以前的儿童中很常见，虽然有些成年人也有可能处于这个层次。这个层次的人是根据直接的后果来判断行为在道德上的对错。他们的核心关切是自我利益，还无法将有关对错的社会习俗内化于心，很大程度上都只是关注于行为可能带来的外在的后果。

而青少年和成年人典型地来说处于习俗层次（Conventional level）。这个层次的人们已经认同并接受了社会关于对错的习俗，即便在不会招致惩罚的情况下也不会主动违背社会规则和法律。对于规则和法律的遵守已经得到了内化，但是这个层次的人们却不太会质疑或挑战规则本身的恰当性和公正性。这个层次又分为三四两个阶段。

第三阶段是关注人际间的相互期待、相互关系和相互一致性的阶段。这一阶段的人们注意到和他人共享的情感、共识和彼此间的期望，而且这些压倒了个人利益。人们会努力按照他人对自己的期待而生活，会根据一件事情对人际关系的影响来评价其道德上的对错，而在这些关系中包括了尊重、感激和“己所不欲勿施于人”的考量。比如，这一阶段的人们会认为海因茨应该偷药，因为尽一切努力挽救妻子的生命是一个好丈夫应该做的事情。

第四阶段是看重社会系统的阶段。这一阶段的人们意识到遵守法律、社会规则和习俗对于保持社会的良序运转来说是非常重要的。人们的道德推理超越了前一阶段对满足他人期待、获得他人赞许的关注，而是采取了系统的观点——社会系统规定了个人的角色和应当遵守的规则，人们应该根据在系统中的地位来思考个人关系。而所谓正确的事情就是履行一个人的社会职责，维护社会秩序，促进社会或群体的福利。科尔伯格认为大多数积极的社会成员都处于这个阶段，道德在根本上还是被看作是从外部施加给个人的。就海因茨难题来说，这一阶段的人们会认为海因茨不应该偷药，因为法律禁止偷窃，这样做是违法的。或者认为海因茨应该偷药，但也应该接受法律的惩罚，并赔偿药剂师的损失。

接下来是后习俗、自律和原则的层次（Post-conventional, autonomous, or principled level），在这个层次，人们日益意识到个体是与社会相区别的实体，个人自身的视角有些时候是可以优先于社会的视角的，尤其是在社会规则和个人所认同的一些伦理原则发生冲突的时候。社会规则并非是绝对的、不可质疑的信条，道德决定也不是单纯依据社会规则而得出，而是从正当性、价值或伦理原则中得出的，这些伦理原则典型的来说包括诸如生命、自由和公正等基本的人权。这个层次的道德思考已经超越了社会习俗的界限，它又分为两个阶段。

第五阶段是权利优先和社会契约的阶段。这一阶段的人们意识到不同个体和不同共同体之间拥有多元的价值和观点，这些不同的视角都应该得到相互尊重。大多数的价值和规则都是相对于一个人所生活的共同体而言的，法律不再被看作是严格不可变更的律令，而是一种为了公共福利而订立的社会契约，那些并不能促进公共福利的法律应该得到修改。进而，也存在一些超越于特定共同体的非相对性的价值和权利，例如关涉到生命、自由和公正的权利，这些权利和价值必须在任何社会中都加以维护，无论特定社会中大多数人的观点是什么。也就是说，这一阶段的人们采取了优先于社会的视角，一个理性的个体意识到价值和权利是优先于社会依系关系和社会契约的。就海因茨难题，这个阶段的人们会做出这样的回答："海因茨应该偷药，因为无论法律如何规定，生命权都是至高无上的。"或者"海因茨不应该偷药，因为药剂师对药品拥有所有权，虽然海因茨是为了救妻子，但是这并不使他的行为就是对的”。

第六阶段是普遍的伦理原则的阶段。这一阶段的道德推理是基于具有普遍性的道德原则的推理。具体的法律或社会共识之所以是有效的，是因为它们依赖于这些原则。当法律违背了这些原则的时候，人们有义务不去遵守这些不公正的法律。而这里的原则是康德意义上的具有普遍性和必然性的绝对命令，这些不仅仅是被人们意识到的原则，也是被用来产生具体决定的原则。这意味着人们是因为一件事情的正确性而去做这件事情，而不是因为这样做可以避免惩罚，或者符合自我利益，或者符合他人的期望，法律的要求等等。在这个阶段，对海因茨难题的回答表现为：“海因茨应该偷药，因为挽救生命是比维护财产权更为基本的价值”。或者说“海因茨不应该偷药，因为其他人可能也同样亟需这种药，而其他人的生命也是同等重要的”。

科尔伯格借助海因茨难题的经验研究建立起来的人类道德的发展模型预设了一个前提，即至少从原则上看，人类具有得出正确的道德判断的能力，而且人类的道德意识有一个渐进发展的过程，即从原初的、以自我为中心的、儿童式的道德思考到复杂的、审慎周全的、成人式的道德反思。而无论儿童展现的推理是多么简单原始，科尔伯格的模型也仍旧认为是推理产生了道德判断。对此，他也明确说到：“人格中的道德力量是认知性的。情感力量在道德决定中也有所涉及，但是，情感既不是道德的，也不是不道德的。当情感激活后被引向道德的方向，那么它就是道德的，而如果没有被如此引导，那就不是。而道德的引导机制本身就是认知性的”。[1] 这里所说的认知机制主要就是指有意识的，以语言为基础的思考。接下来的两章中，我们要讨论的最近兴起的一些情感主义模型则恰好挑战了“道德判断来自于推理”这一预设。

[1] Lawrence Kohlberg, “From is to Ought: How to Commit the Naturalistic Fallacy and get away with it in the Study of Moral Development,” in Theodore Mischel ed., *Cognitive Development and Epistemology*, New York: Academic Press, 1971, pp. 230 - 231.

4. 道德判断的社会直觉主义模型

最近十几年间，一些社会心理学家对理性主义模型提出了挑战，认为道德判断更多的是直觉的产物。在这个进路上最具代表性的是由乔纳森·海特（Jonathan Haidt）提出的社会直觉主义模型（Social Intuitionist Model）。按照这种模型，在道德判断的形成过程中，道德推理很少发挥作用，是直觉进程主导了道德判断的得出。道德推理基本上都发生在道德判断之后，其主要角色有两个，首先是在个人层面，对个人已经形成的道德判断做出偏袒性的辩护，其次在社会层面，以人际之间的道德讨论的方式，伴随着情绪的作用，在他人身上激发起新的直觉。社会直觉主义模型自从提出以来就不断受到来自心理学家和哲学家的各种批评和回应，成为解释道德判断的一种非常具有影响力的理论。这里我们将围绕着道德推理和情感反应在道德判断中分别所起的作用这一核心议题来梳理社会直觉主义模型的基本主张及其受到的挑战。为此，我们将首先考察社会直觉主义模型的基本观点及其经验证据，并追溯这种观点的演化基础，然后将考察从经验角度对社会直觉主义模型的几种重要批评，并试图论证：海特在化解或包容这些批评的过程中，一方面已经弱化了社会直觉主义模型与精致化的理性主义模型的对照，另一方面他对慎思推理的作用所施加的限度也使社会直觉主义模型缺乏足够的概念资源来区分不同类型的直觉性判断。

4.1 社会直觉主义模型下的道德推理

概括来说，社会直觉主义模型的理论核心在于两个方面，一是对道德判断的形成机制给出不同于理性主义的解释，二是对道德推理的功能加以重新审视。[1] 就第一个方面而言，其基本立场是：道德判断在大多数情况下是直觉的产物，而非推理的产物。这个看法首先是受到了当代社会及认知心理学中的双重进程理论（dual processing theory）的影响。虽然这种理论有很多种不同的形式，但是按照丹尼尔·卡内曼（Daniel Kahneman）和肖恩·费德里克（Shane Frederick）的归纳，一般来说，它认为在人类的认知活动中有两套处理系统在分别起作用，根据其速度和可控性上的差别，一套是直觉系统（也被标为系统 1），它是自动的、不费力的、迅速的。而另一套是反思性的或推理系统（也被标为系统 2），它是有意识的、费力

[1] 对社会直觉主义模型的中文概述，参见徐平、迟毓凯：《道德判断的社会直觉模型述评》，《心理科学》2007 年第 2 期；贾新奇：《论乔纳森·海特的社会直觉主义理论》，《道德与文明》2010 年第 6 期；曹洪军：《乔纳森·海特之道德基础理论评析》，《伦理学研究》2015 年第 1 期。

的、慎重而缓慢的。[1] 海特把这种主要用来理解推理过程并应用于决策理论的双重进程模型拓展到了道德领域，认为在对道德判断的研究中，推理进程的作用被不现实地高估了，而道德判断，通常都是直觉进程的产物。

为了说明这个观点，首先有必要澄清它所针对的道德判断究竟是什么？海特所使用的定义是“参照被一种文化或亚文化视为义务性的一系列美德，对一个人的行为或品格做出（或好或坏）的评价”。[2] 再联系他所使用的一些经验证据，我们可以看到，他所指的道德判断主要是针对他人所做出的评价性判断，而并非针对评价者本人的判断，因此这就排除了我们对自身行动或品格的反思性评价，也排除了在行动之前的道德决策过程中的种种判断，包括目标如何设定，不同选项之间的权衡比较等等。和我们在上一章中概括的道德判断的特征相比，这一定义是相对狭窄而单薄的，但为了理解社会直觉主义模型，我们暂且先接受这一定义。

那么接下来的问题是道德判断是如何做出的呢？海特认为我们所置身的情境在我们身上激发起伴随着情感反应的道德直

---

[1] 参见 Daniel Kahneman and Shane Frederick，“Representativeness revisited：attribute substitution in intuitive judgment，” in T. Gilovich，D. Griffin，Daniel kahneman eds.，*Heuristics and biases：the psychology of intuitive judgment*，Cambridge：Cambridge University Press，2002，p. 51。

[2] Jonathan Haidt，“The Emotional Dog and Its Rational Tail：A Social Intuitionist Approach to Moral Judgment，” *Psychological Review*，Vol. 108，No. 4（2001），p. 817.

觉，我们再将其有意识地表达为责备或赞扬，好与坏，正确或错误的判断，即道德判断。这里的道德直觉指的是诸如“喜欢/不喜欢”，“好/坏”这样的评价性感受在意识之中的“突然呈现”，而评价者本人“并没有有意识地觉察到自己经历了寻求、权衡证据或者推演出结论的步骤”。[1] 也就是说，道德判断的形成过程是快速、自动的，不在认知控制之下的。海特为了支持自己的观点，援引了在社会心理学中对自动形成的评价性态度的研究。这些研究表明，人们通常会自动地把一些带有评价性特征的成见立刻应用于他人身上，如看到黑人就认为他们是有侵略性的，且仅基于极为有限的观察对他人形成的第一印象就会自动引出对他人的道德评价。[2]

与道德判断的直觉主义命题密切相关的是对道德推理的重新定位。道德推理作为与道德直觉相对的一种认知活动，海特将其定义为“有意识的心理活动，包括为了得出道德判断而对有关他人的既定信息进行处理转换”，推理最重要的特征在于它是有步骤的，而且至少有一部分步骤必须是有意识地做出的。[3] 概括来说，在社会直觉主义模型视角之下的道德推理具有两个方面的

[1] Jonathan Haidt and Fredrik Bjorklund, “Social Intuitionists answer six questions about moral psychology,” in Walter Sinnott-Armstrong ed., *Moral Psychology Vol. 2*, Cambridge, MA: MIT Press, 2008, p. 188.

[2] 参见 Jonathan Haidt, “The Emotional Dog and Its Rational Tail: A Social Intuitionist Approach to Moral Judgment,” p. 820。

[3] Jonathan Haidt and Fredrik Bjorklund, “Social Intuitionists answer six questions about moral psychology,” p. 189.

特征。首先，道德推理发生在事后（ad hoc）。事后性特征意味着：a）由道德推理直接得出道德判断的情形即便有，也非常罕见。总的来说，道德推理对在先的、形成道德判断的过程并没有直接的因果影响（reasoned judgment link）；b）发生在事后的道德推理在大多数情况下都不是作为个人的反思性活动而出现的私人推理（private reasoning）（the private reflection link），也就是说人们对自己已经做出的道德判断主动地进行批判性的反思是很少见的（除了由于专业训练而特别擅长于此类推理的哲学家之外）；c）发生在事后的道德推理更多的是在人际间的道德讨论中出现的，如辩护自己的立场，挑战或说服他人的立场。值得注意的是，海特认为即便是说理式的说服（reasoned persuasion），也并不必然靠的是理由或推理的逻辑力量，而是通过“按动他人的情感按钮”，“在他人身上激发起恰当的直觉”来实现的，如马丁·路德·金充满情绪感染力的演讲就起到了激发反种族主义的作用。[1]

道德推理的第二个特征是偏袒性，即道德推理是在事后被构造出来，并为直觉得出的道德判断做出偏袒性的辩护（biased justification）。海特为此做了一个形象的比喻：“道德推理的过程更像是一个为客户进行辩护的律师，而不是寻求真相的法官或科学家。”[2] 这个看法的基础在于，社会心理学的研究识别出：人

[1] 参见 Jonathan Haidt and Fredrik Bjorklund, “Social Intuitionists answer six questions about moral psychology,” pp. 191 - 192。

[2] Jonathan Haidt, “The Emotional Dog and Its Rational Tail: A Social Intuitionist Approach to Moral Judgment,” p. 820.

类在处理有关社会或个人信息时，总有两种动机潜在地在起作用，海特认为这两种动机都具有偏见效应，也驱使道德推理变成偏袒性的辩护。一种动机是“关联性动机（relatedness motives）”，即我们总是渴望与自己有密切互动关系的人（如伙伴或盟友）保持一致。研究表明，在日常讨论中朋友对一件事情所持的评价性态度很多时候会直接在我们身上也引发相似的态度，这在海特看来就是一种偏见，也阻断了人们不偏不倚地进行推理的可能性。第二种动机是“融贯性动机（coherence motives）”，即我们总是倾向于使自己的态度和信念与自己已经认同的观点和信念保持融贯一致，而对那些对自我认同产生威胁的态度和信念则采取忽视和否定的态度。他援引查理·罗德（Charlie G. Lord）等人的研究，表明当人们对一个问题已经有既定观点，再面对关于这个问题的正反双方的证据时，并不会对这些证据平等地加以考量，而是会不加批判地接受支持自己观点的证据，并很苛刻地对待相反的证据。虽然海特也承认，当人们并没有在先的判断需要辩护，关联性动机或融贯性动机也没有被触发的时候，推理进程还是有可能客观而公正地进行下去。但是他强调，在现实的日常道德处境中，这两种动机几乎总是在起作用，因此，“道德推理并非是自由地来寻求真理，而是更像被各种动机所雇佣的律师，只是用来寻求对既定的结论进行确认”。[1]

[1] Jonathan Haidt, “The Emotional Dog and Its Rational Tail: A Social Intuitionist Approach to Moral Judgment,” p. 822.

海特对道德判断形成机制的解释和对道德推理的特征的描述，其最有力也是他本人最为重视的经验支持来自于他对道德词穷（moral dumbfounding）现象的研究，这是一种人们“在没有理由支持的情况下，顽固而同时又困惑地坚持某种道德判断”的现象。海特等人设计出一些违反社会禁忌的场景，这些场景让人不适，但却并不涉及伤害，如吃掉在车祸中丧生的宠物狗，剪开旧国旗拿来当抹布擦马桶，等等，其中最著名的一个场景是一对决定发生性关系的兄妹，他们出于好玩决定只尝试一次，并采取了严格的避孕措施，也会保守秘密。然后让被试者就这些行为的对错做出评价。海特发现“大多数被试者几乎都是立刻做出判断，然后开始努力寻找支持性理由”，比如近亲繁殖的危险，心理伤害的可能性等等，但是当实验员指出在这个场景中的确没有发生伤害之后，“却很少有被试者改变他们的看法，即便许多人都承认他们无法解释他们做出这些决定的理由”。[1] 这种现象在海特看来很好地支持了直觉在道德判断形成过程中的优先性，道德推理的事后性和偏袒性。

4.2 社会直觉主义模型中直觉进程的演化基础

海特在强调直觉进程较之推理进程的优先性的同时，也进一步追溯了这些对道德判断起到支配作用的直觉从何而来。他

[1] Jonathan Haidt and Fredrik Bjorklund, “Social Intuitionists answer six questions about moral psychology,” p. 198.

首先反对道德直觉完全是后天习得的结果，这主要基于两个理由。首先，从发展心理学的角度来看，儿童具有一些先天的偏好和倾向，要背离这些既有的偏好来塑造儿童是一件很困难的事情。例如，让儿童喜欢吃蔬菜而不是糖果是很困难的，同样，面对伤害自己的人，让儿童去爱这个人而不是做出反击也是很困难的。如果直觉完全是由后天学习所塑造的，那么很难解释为什么普遍来说，对某些事物的关切和渴望（如爱仇敌）明显是更为困难的。第二，海特注意到即便人类社会的规则和实践具有明显的文化多样性，但是仍旧可以发现一些具有跨文化普遍性的道德直觉。这些为所有社会所共享的基本的道德直觉为人类道德的多样性奠定了基础。

海特的著作总结了关于人类文化普遍性、人类道德跨文化的差异性以及人类道德在动物中的演化根源，试图发现这些具有普遍性的道德直觉。他最终总结出五组这样的道德直觉。分别是：伤害/关心（harm/care），反映的是对他人痛苦，尤其是弱小者的痛苦具有敏感性；公平/互惠（fairness/reciprocity），指的是在互惠合作中的公平感，例如对忘恩负义的人感到厌恶；权威/尊重（authority/respect），指的是对身份等级的敏感性，比如对未能恰当表达尊重的人感到愤怒；纯洁/神圣性（purity/sanctity），指的是在食物、性和处理遗体等问题上对洁净的关注，这种对洁净的要求很多时候都超越了卫生的需要，而与神圣性相关；群体内部/忠诚（in-group/loyalty），这指的是对群体内外之别的关注，对群体界限的敏感性，以及对群体内成员的优先关切和忠诚。[1]

海特认为这五组道德直觉的形成无疑都受到演化的影响，但问题就在于这种影响的程度究竟有多大。海特鉴定出在这个问题上的一强一弱两种观点，一种弱的观点是认为演化只是在“预备性”的意义上起作用，即演化把人类心智塑造得更容易接受某些道德倾向，而不是说这些基本的道德直觉本身就是演化的产物。例如，儿童可以通过观看另一个人对蛇的恐惧反应来习得对蛇的恐惧，但却很难通过同样的学习来产生对花的恐惧。从演化的角度我们可以解释这种差异性，因为蛇在我们祖先的生活环境中往往是一种威胁生命的动物，可以设想，对这种动物具有敏感性并能迅速躲避的人较之于不具备这种敏感性的人有着更大的生存和繁衍上的优势，而花通常并非是作为危险而存在，是否对花产生恐惧也不会对生存和繁衍成就产生影响。我们由此也可以说，人类的心智已经在演化的作用下，准备好对蛇这样的危险动物做出恐惧反应，并进一步激发逃避的举动。同理，在道德领域中，演化也将人类心灵塑造得更容易培养某些倾向，如儿童可以“很轻易地被教会去关注伤害、公平、群体内成员、权威和洁净”，相反，则很难被培养得对所有人都平等地加以关爱。[2] 在这种观点之下，并不是说这些道德直觉

[1] 参见 Jonathan Haidt and Fredrik Bjorklund，“Social Intuitionists answer six questions about moral psychology，” p. 203。

[2] Jonathan Haidt and Fredrik Bjorklund，“Social Intuitionists answer six questions about moral psychology，” p. 204.

本身就是演化的产物，也不是说儿童已经具有了先天的道德知识，而只是具有“一种‘预备性’，即准备好了获得或拒斥某些内容的道德知识”。[1] 另一种强的观点则是把人类心灵看作是由许多模块（module）构成的，每一个模块都是演化的产物。心灵就如同多功能的瑞士军刀，每一个刀头都用以处理一类特殊的问题，人类心灵的许多功能也是在适应环境的过程中，针对不同的特定问题而演化出来的，例如，人类一直面临来自病毒的威胁，那么对“污染/纯净”做出敏感反应的模块就更有可能留存下来。

海特倾向于选择这两种强弱立场之间的折衷方案。即，他一方面吸取强的立场中的模块观念，认为他所列举的五种基本的道德直觉可以被看作是不同的“模块”，为应对社会生活中的不同问题而演化出来，另一方面，他也吸取弱的立场中的预备性观念，认为这些直觉并不必然全都是模块本身，也有可能是一种“学习模块”，即“在文化背景里的发展过程中，产生出许多具体模块的模块（例如，儿童学习以一种自动且模块式的方式意识到某些具体的不公或不敬的行为）”。[2]

总而言之，可以说，海特在道德直觉的起源上持有一种温和的演化观点，他既强调演化在塑造直觉上的作用，也看到文

[1] Jonathan Haidt and Fredrik Bjorklund, “Social Intuitionists answer six questions about moral psychology,” p. 204.

[2] Jonathan Haidt and Fredrik Bjorklund, “Social Intuitionists answer six questions about moral psychology,” p. 205.

化学习、环境影响在直觉形成上的强大力量。但是他的工作更偏重于甄别出这些基本的道德直觉，而并未对其来源，无论是演化上的还是文化上的，给予细致的追溯。

4.3 社会直觉主义模型受到的批评及其回应

社会直觉主义模型一经提出就收到了来自各个领域的评论，本节将集中考察就其经验可靠性上的批评，并对海特是否能够回应这些批评做出评价。经验层面的批评主要是质疑海特是否给予了直觉以过高的地位，而忽略了道德推理在道德判断形成过程中的重要作用。这些批评者都强调推理进程的作用，但对这些作用的描述要更为精致具体，不妨将其称为精致的理性主义者，我认为他们的讨论主要是围绕着以下三个问题而展开的。

首先，社会直觉主义模型忽略了在先的推理能够塑造并影响直觉的形成，也能对直觉性的判断过程产生影响。上文已经提到，与情感反应密切关联的直觉进程是需要被激发的，海特似乎只是笼统地提到环境激发了某种直觉的产生，而大卫·皮萨罗（David Pizarro）和保罗·布鲁姆（Paul Bloom）则指出在先的推理在这个激发过程中起到了重要作用，即推理进程能够影响甚至决定究竟是哪种直觉从我们的直觉系统中涌现出来并发挥作用。[1] 他们具体指出了推理进程实现这种功能的两种

---

[1] 参见 David Pizarro and Paul Bloom, "The Intelligence of the Moral Intuitions: Comments on Haidt (2001)," *Psychological Review*, Vol. 110, No. 1 (2003), pp. 193 - 96。

方式。一种是对处境的认知评价（cognitive appraisal）能够促成直觉反应的改变。例如，当我们发现一个学生缺勤的时候会有生气的反应，但是当我们得知他的缺勤是因为家人离世而造成的，那么这种愤怒会迅速转变成同情，也直接改变了我们对这个缺勤行为的道德评判。因此，究竟是哪种直觉反应会被激发在很大程度上是由对处境的认知评价来决定的，而这种认知评价中往往包含有意识地采取他人视角，也会进一步导向对道德原则的慎思。第二种方式是我们可以通过有意识地选择所处的环境和参与的活动来对自动产生的判断进行人为控制。正如一个节食者可能无法控制她在面对蛋糕时的食欲，但是却可以控制自己是否要出现在有蛋糕的场合，我们也可以通过对场合和活动的选择来改变我们自动的判断。例如，有研究表明，对非裔族群的负面态度由于选修由一位非裔教授开设的种族主义课程而明显降低。

寇德利亚·范恩（Cordelia Fine）也从类似的角度对社会直觉主义模型提出了批评，不过她更关注推理对判断过程本身的介入，并认为推理除了通过影响直觉而间接地影响判断，也可以直接干预，甚至是中断从直觉到判断的过程。她援引许多心理学和神经科学的证据，指出一些受控的认知过程，如避免成见的欲望，或者有意识地强化对某种价值的承诺都可以对已被激活的成见产生抑制作用，阻断这些成见直接引发判断。例如，有些被试者相信对黑人的成见是不可接受的，即便他们的偏见已在实验环节中被激活，但是在注意力足够集中的情况下，他们还是能够避免将被激活的偏见用于判断。[1]

对此，海特也做出了回应。他承认皮萨罗和布鲁姆指出的这些情形都的确存在，但是他也指出在第一种情形中，人们对处境的认知评价上的变化很少是由私人的慎思推理触发的，而是在社会交往和相互讨论中产生的，在没有社会因素的影响下，我们很少会主动改变对情境的最初感知。同样，在第二种情形中，也很难设想一个有很深种族主义偏见的人会经过个人反思而主动学习反种族主义的课程。[2] 为此，海特特别强调了社会直觉主义模型中的社会性因素，并进一步澄清当他否认推理对道德判断的形成有因果作用的时候，他指的是作为个体活动的私人推理，而当两个人之间在讨论道德问题时，为了做出判断而处理各种信息，并经历了寻求、权衡证据的步骤，那么这种形式的推理是能够对道德判断的产生具有因果作用的。[3] 而对于范恩的批评，尼尔·列维（Neil Levy）代替海特做出了回应，他认为范恩虽然展示出有意识的认知进程打断直觉判断的情形是存在的，但是并未表明这种打断或干预就是审慎推理的结果，这种干预之所以成功也有可能是其他因素，比如情感

[1] 参见 Cordelia Fine, "Is the Emotional Dog Wagging its Rational Tail, or Chasing it? Reason in Moral Judgment," *Philosophical Explorations*, Vol. 9, No. 1 (2006), pp. 83 - 98。

[2] 参见 Jonathan Haidt, "The Emotional Dog Learns New Tricks: A Reply to Pizarro and Bloom," *Psychological Review*, Vol. 110, No. 1 (2003), pp. 197 - 98。

[3] Jonathan Haidt and Fredrik Bjorklund, "Social Intuitionists answer six questions about moral psychology," p. 193.

反应的后果，进一步，范恩也没有表明这种干预的情形在我们的日常道德经验中究竟有多普遍，如果这只是偶尔发生的，那么就并没有对社会直觉主义模型产生实质性的挑战。[1] 因此，由于海特并不是绝对地否认推理在道德判断中的作用，而且他区分了私人推理和社会讨论中的推理，那么就这个路向上的批评，海特基本上可以通过两个策略加以化解，一是认可社会讨论中形成的推理进程能够对道德判断的形成发挥因果影响力，但同时坚持质疑私人推理也能起到同样的作用，毕竟批评者也只是表明后者的这种作用是可能的，也没有足够的证据表明这种作用是广泛存在的，以至于能彻底推翻海特的直觉主义命题。

第二种批评是对慎思推理所具有的偏袒性提出不同看法。首先，范恩和S·马修·廖（S. Mathew Liao）都指出，海特在强调关联性动机和融贯性动机对推理所产生的偏见效应时，忽略了另一种动机的重要性，即"求真动机（accuracy motives）"。这种动机的特征在于"渴望拥有客观上为真的信念和态度"。[2] 廖援引一些社会心理学家的研究指出，"我们通常受到求真动机的驱使"，而且"即便当关联性动机和融贯性动机被激活的时候，求真动机也仍旧可以处于激活

[1] 参见 Neil Levy, "The Wisdom of the Pack," *Philosophical Explorations*, Vol. 9, No. 1 (2006), pp. 99 - 103。

[2] Cordelia Fine, "Is the Emotional Dog Wagging its Rational Tail, or Chasing it? Reason in Moral Judgment," p. 95.

状态”。[1] 我们不妨回想一下上文提到的种族主义问题，海特强调人们会在关联性动机和融贯性动机的驱使下，更愿意与自己意见一致的人相处，而不太会主动学习反方的观点。而如果把求真动机也考虑进来，我们完全可以合理地设想的确存在一些人，他们对种族主义问题感到迷惑，想要寻求对该问题更客观更公正的理解，并在这种动机的驱使之下去选择学习一门关于种族主义的课程。除了强调这种被海特轻视的求真动机，廖还进一步提出，即便是关联性动机和融贯性动机在起作用，也不总是导致偏见。在我们倾向于赞同朋友的时候，并不一定总是如海特认为的那样只是想维持友谊，而也有可能是因为基于长期的了解和相互信任，我们认为自己有好的理由可以不用亲自审视所有的证据而倾向于赞同朋友的判断。而当我们更严格地审视反对自己看法的证据时，也并不一定总是在偏袒自己，也有可能是鉴于一些已经有充分理由相信的背景性信念，我们已经对支持自己看法的证据比较熟悉而无需再仔细考察，而对并不熟知的反方证据则需要更审慎地对待。廖通过指出这些经验现象背后的复杂性，提示我们看到海特并不能基于关联性动机和融贯性动机必然得出道德推理总是具有偏袒性，而且这种偏袒性特征究竟有多普遍还需要更多经验证据的支持。更重要的是，廖的批评提示出即便道德判断是快速而自动做出的，但

---

[1] S. Mathew Liao, “Bias and Reasoning: Haidt's Theory of Moral Judgment,” in Thom Brooks, ed., *New Waves in Ethics*, New York: Palgrave Macmillan, 2011, p. 114.

并不表明理由或推理就没有起作用，它可能是暗含在一些背景性的信念中的，这一思路也体现在接下来的批评中。

第三种批评主要针对海特对道德词穷现象的解释。一些批评者指出人们在事后无法说出自己判断的理由并不等于他们做出判断的时候没有使用理由，也不等于说推理在判断中就没有发挥作用。按照海特对道德词穷现象的理解，如果人们无法通过内省式的回溯在心灵内部找到做出判断的理由，或者表达出的理由并不支持他们的判断，而且在意识到这一点之后仍旧顽固地坚持最初的判断，那么就可以推出，人们并不是从这些理由推导得出的判断，而是事后为了维护自己的判断编造出来的。海特的这种理解实际上预设了道德推理是发生在个体心灵内部的，只要个体无法有意识地回溯出推理的过程，并无法明确地表达出所依据的理由，那么推理在道德判断的过程之中就并没有发挥作用。这个预设受到了很多批评者的挑战。

丹尼尔·雅各布森（Daniel Jacobson）指出，表达不出所依据的理由并不代表彻底没有依据理由，或者没有对理由做出响应。他表明在海特构造出的每种场景中都有很好的理由来支持词穷者的判断，这些理由可以是：在预想该如何行动的时候，道德上重要的是有可能发生什么后果，而不是事实上发生了什么。一个没有产生伤害的行动并不必然就是道德上没有错误的行动，即便采取了种种保护措施的乱伦行为仍旧是个危险而鲁莽的行动；或者说，作为人类社会的基本规则，乱伦本身就是错的，无论是否产生伤害性的后果。而这些被试很有可能对这些理由做出了响应，只是在实验的场合中无法清楚地表达出来。而海特的实验无法将这种情形同真正的词穷——仅是凭着原始的厌恶感做出判断——区分开来。[1] 但是从海特的立场上看，他可以坚持认为，只有受过专业训练擅长道德推理的哲学家——如雅各布森本人——才能找出这些理由，并的确是依据这些理由做出的判断，但是就大多数人的大多数情况而言，有理由却表达不出的情形并不多见。我接下来要讨论的两个批评正是针对这个问题的。

爱德华·洛伊曼（Edward B. Royzman）等人用实验的方式表明：海特的词穷实验并没有能够区分出彻底没有支持性理由和有理由但没有表达出来的情形，而且前者作为真正意义上的词穷在众多被试中非常罕见。他们对海特实验的某些环节进行了改造，首先表明，同样是面对海特构造的乱伦场景，大多数被试者在判断之前，由于意识到乱伦在现实世界中的意义，并不相信故事中的无害设定（尤其不相信这种行为对兄妹关系没有伤害，以及这种行为对他们今后的生活和亲近的人也不会产生负面影响），而持有这种信念的被试都把这种行为判定为是错误的。而且他们能够在可供选择的理由中认同如下这类理由，如乱伦本身就是错的，无论产生什么样的后果；这个行为具有产生伤害的潜能。值得注意的是，当实验员用“兄妹俩的确没

[1] 参见 Daniel Jacobson, “Moral Dumbfounding and Moral Stupefaction,” in Mark Timmons ed., *Oxford Studies in Normative Ethics: Volume 2*, Oxford: Oxford University Press, 2012, pp. 289 - 316。

有受到伤害”这样的话语来反驳被试者的时候，这类理由在这样的反驳面前仍旧是成立的，但是令人惊讶的是，这些被试在有理由的情况下最终也表现出和海特实验中一样的词穷反应。洛伊曼等人认为这种词穷是由访谈程序中暗含的导向性造成的：由于实验员强调并没有伤害，这导致某些被试者由此推断出基于伤害的理由以及与伤害无关的其他理由在当前的对话中都是不相关的或者被禁止的，于是不再表达这些理由并陷入窘境，但由于此时他们仍旧并不相信这种行为会没有伤害，所以他们的态度并没有改变，由此造成了有理由却无法表达出来的现象。而与此相对，只有极少数被试算得上是完全没有支持性理由的，即既相信这个行为的确是无害的，且认为只要无害就算不上错事，但却认为兄妹的行为仍旧是错的，但是当实验员指出他们的不一致时，大多数要么修改了自己的信念要么修改了判断，而迷茫且固执地坚持先前判断的情形只有一例。由此可以看到，海特所说的“迅速涌上心头的恶心”不再是人们反对这种行为的预测性指标，而是否相信故事中的无害设定，才决定了人们的评价性态度。[1] 这也印证了廖的批评中提到的背景性信念所起的作用。

面对这种批评，我认为海特也许可以做出这样的回应：在

---

[1] 参见 Edward B. Royzman，Kwanwoo Kim，Roobert F. Leeman，“The Curious Tale of Julie and Mark：Unraveling the Moral Dumbfounding Effect，” *Judgment and Decision Making*，Vol. 10，No. 4（2015），pp. 296 - 313。

这个实验中，支持性的理由是在事后辩护环节已经被提供出来的，也就是说被试者是在他人的帮助下识别出对自己判断有利的理由，但这并不表明他们在做判断的时候也有意地运用了这些理由，也不表明他们能够独立地在自己的意识中回溯出这个推理的过程。而按照社会直觉主义模型，如果道德推理要对道德判断起到因果作用，必须要求行动者能够从自己的意识中获取他所依据的理由和推理的过程。社会直觉主义模型可以并不要求行动者在做判断的过程中就能意识到这些理由，因为有可能行动者由于能够非常熟练地应用某些理由，以至于能够不进行费力的推理就迅速得出判断，但是至少要求这些行动者在事后能够通过内省式的回溯提取支持性的理由，换言之，要能够对自己的判断做出辩护。但是有些批评者对这样一个要求提出了质疑。

安德鲁·斯内登（Andrew Sneddon）指出在道德领域之外，还有许多需要人们提供因果解释的场合都会发生词穷反应。例如，人们通常很自信地认为他们知道汽车、电脑是怎么工作的，但是真要他们提供因果解释的时候，却往往说不出什么，或者只能给出很肤浅的解释。这种因果解释上的肤浅性可以通过认知活动在社会范围内的分工来得到解释。人们很多时候并不拥有深层的因果知识，这些知识来源于专家，当我们说我们知道拧动钥匙汽车就会被发动的时候，我们所说的实际上是我们有理由相信做出如此设计的专家是值得信任的，而且在需要的时候我们知道如何从专家那里获取更深层的因果知识。而在日常生活中，作为个人并不需要在自己的心灵中储备支持自己判断的深层理由。与此类似，斯内登认为在道德推理中，人们也是隐性地依赖于专家的知识或证言，“只要我们可以信赖这些信息的来源，我们一般来说并不需要随身储备道德问题或道德理论的具体细节”。[1] 如果我们不把道德推理局限在个体内部，而是把它看成是分布在人群之中的，并且倚赖他人的知识作为认知来源，那么一个只拥有肤浅道德知识的人在遇到海特精心设计出来的道德难题时表现出词穷就并不显得奇怪，而且这也并不必然表明当人们无法辩护自己的道德判断时就必然只是凭借着突然涌现的直觉做出的判断。

在斯内登的批评中我们可以看到与海特很相似的一点，即他们都强调道德认知的社会性层面：海特也强调道德推理是发生在人际间的社会性过程，也接受道德认知是一种分布式认知。但是值得注意的是，他对社会性的强调必然是有限度的。如果他进一步也像斯内登那样，不把道德判断的来源限制在个体心灵内部，并把人际间的推理进程一般性地作为道德判断的来源，那么这就势必与他的直觉主义承诺相冲突了，而要维护理论内部的融贯性，他只能坚持把这个来源放在个体的行动者的心灵之内，而且这个来源并不是行动者能够有意识地觉察到的。因此，准确地说，海特强调的社会性指的是人际间的推理进程可

[1] Andrew Sneddon, “A Social Model of Moral Dumbfounding: Implications for Studying Moral Reasoning and Moral Judgment,” *Philosophical Psychology*, Vol. 20, No. 6 (2007), p. 736.

以对由直觉产生的道德判断做出修正，而且这种修正在大多数情况下也都是靠激发出新的直觉而起作用的。也就是说，他人的知识对道德判断即便能起到因果作用，也是通过塑造直觉，而间接地发挥作用。也许可以通过这个策略在保持理论连贯性的前提下包容斯内登的批评，但是雅各布森、洛伊曼和斯内登的批评中都分享的一个要点在于，彻底没有理由、有理由但是表达不出来或者无法提供辩护，以及有理由也能够提供辩护的三种情形是需要加以区分的，而在社会直觉主义模型的视角下，这三种情形就得出判断的过程来看却并没有区别，都是直觉进程的产物，那社会直觉主义模型有没有可能通过区分不同层次的直觉来回应这个问题呢？也许我们可以从海特的道德发展观中找到答案。他认为人类道德发展主要是“对原生性的直觉进行文化塑造的过程”。除了在成年时期获得的明确的关于是非的命题性知识之外，他更强调人们在儿童晚期和青少年时期，受到同辈的影响，通过参与各种社会实践，而获得的涉及到感觉上的，动机上的和其他形式的默会知识。强调社会环境对个人潜移默化的道德影响，人类是在不知不觉中被动地完成社会化的过程，而道德成熟的标志在于一个人对所处的文化背景的适应和依从。但是如果说上述三种情形中所体现出的道德思维上的浅薄与深刻之分，只是文化适应度和社会依从度上的差别，显然是不充分的。

对此，达西亚·纳瓦茨（Darcia Narvaez）援引从新手到专家的范式（novice-to-expert paradigm）来理解道德发展是更有启发性的。她指出在人类生活的大多数领域都有从新手到专家的过程，新手和专家从表面上看都是运用直觉做出判断，但是判断的内容却是大相径庭的，比如同样是面对一件艺术作品，新手由于缺乏经验和充分的概念资源，只能关注到最表层最具体的元素，而专家则能迅速地从多样的角度把握作品的丰富性。在道德领域也是一样，那些更善于道德思考的人拥有更多的系统知识，而且能够更不费力且更有技巧地运用这些知识，这不仅仅是如海特所说的在长期的实践中接受默会知识的过程，而是涉及到“直觉和其他认知（如感知能力、注意力、驱动力和推理）之间“反复迭代地互动（iterative back-and-forth interplay）”。[1] 这包括对道德敏感性的培养，如何应用默会于心的原则，并在长期的实践中，尤其是通过处理道德困境而对这些敏感性和原则的应用加以微调。而海特所描述的道德词穷反应，也可以看成是人们在道德思维发展过程中所遭遇的挑战，提醒人们反思伤害原则和乱伦禁忌究竟是在何种条件下适用。海特虽然正确地提示出真正拥有道德领域的专家知识是很少见的情形，我们大多数人可能都处于初学者的水平，但是充分的文化适应性显然不是发展道德思维水平的出路，他的社会直觉主义模型框架并没有足够的概念资源来区分自动的直觉判断背后的发展历程，以及貌似相同的直觉性判断背后所蕴含的差别，由多种认知能

[1] Darcia Narvaez, “The Social Intuitionist Model: Some Counter-Intuitions,” in Walter Sinnott-Armstrong, ed., *Moral Psychology Vol. 2*, Cambridge, MA: MIT Press, 2008, p. 238.

力相互交织发展出的自动的直觉，和缺乏经验和概念框架，为环境中各种杂乱无章的刺激性因素所牵引的直觉是完全不同的。如果不强调慎思推理的作用，不强调多种认知能力的互动，是无法解释这种区别的。

总的来看，海特提出的社会直觉主义模型强调道德判断在很多情况下是直觉的产物，而慎思推理的作用只是派生性的：在人际间的道德讨论中为直觉性的判断做出事后的、偏袒的辩护。这与传统的理性主义解释形成鲜明对照。社会直觉主义模型正确地提醒我们注意到，在过去的研究中无意识的直觉进程在道德判断中所起的广泛而重要的影响可能被不恰当地忽略了，而这些直觉进程在人类发展历史中也有其演化上的根源。但是在与强调推理作用的批评者的对话中，我们看到，为了尽可能地吸纳理性主义批评者的合理意见，海特强调他在私人推理和人际间推理所做的区分，并认可后者能够起到对直觉进行修正的作用，而他真正质疑的是私人推理的作用。但是理性主义者所捍卫的慎思推理却并不必然是海特意义上的限于个体心灵之中的私人推理，鉴于道德推理本身具有的社会性特征，理性主义者并不要求行动者在自己的意识中能够回溯完整的推理链条，而可以把他人的知识作为推理的起点和判断的来源。这样一来，渗透着推理作用的直觉主义立场和精致化的理性主义立场之间的对照就已经被弱化了。进而，对推理进程的强调也可以与道德判断的自动性相容，但是自动性的发展历程，和不同发展阶段的差别却需要借助慎思推理的作用才能充分得到说明，而海特为了维持其直觉主义立场，则缺乏足够的概念资源来对此做出解释。因此，如果要基于社会直觉主义模型做出任何规范意义或元伦理意义上重要的推论，必须充分注意到经验现象的复杂性和这种解释模型的理论限度。

5. 道德判断的双重进程模型

在对皮亚杰、科尔伯格的理性主义模型提出挑战的进路上，除了海特的社会直觉主义模型，另一种有影响力的模型是格林提出的基于电车难题的双重进程模型。[1] 这个模型和海特的社会直觉主义模型一样，区分了道德判断的情感系统（affective system）和认知系统（cognitive system），也强调自动的情感系统在道德判断中广泛而有效地发挥着作用。但是，和社会直觉主义模型的重要差别在于：海特认为自动的直觉进程对道德判断具有压倒性的决定作用，而格林则认为两种系统在不同的道德处境中发挥的作用也是不一样的。当面临的处境中涉及到对他人的切身性（personal）伤害时（例如在电车难题中，亲手推下吊桥上的胖子以便挽救五个人的生命），一种消极的情感反应

[1] 对这些模型的中文概述，参见罗跃嘉、李万清、彭家欣、刘超：《道德判断的认知神经机制》，《西南大学学报》（社会科学版）2013 年第 3 期；沈汪兵、刘昌：《道德判断：理性还是非理性的？——来自认知神经科学的研究》，《心理科学》2010 年第 4 期。对格林模型的批评，亦见朱菁：《认知科学的实验研究表明道义论哲学是错误的吗？——评加西华·格林对康德伦理学的攻击》，《学术月刊》2013 年第 1 期。

就会被激活，并压倒任何权衡利弊的考量，而直接得出否定性的判断；但是在不涉及到切身性伤害的困境中（例如通过扳动开关来改变电车轨道而牺牲一个人的生命来挽救五个人的生命），由于情感反应没有被激活，对成本-收益的理性计算（他称之为后果主义的道德推理）就会主导判断的过程。格林以此为基础，进一步得出一个规范性的论断：我们有理由相信道义论的判断较之于后果主义判断而言并不具有可靠性。由于格林的模型是以考察人们对电车难题的不同反应为切入点的，为了看到格林在处理电车难题上的独特之处，首先有必要简单回顾一下规范伦理学中围绕着电车难题所进行的争论。

5.1 电车难题的规范伦理学意义

电车难题最初是因菲丽帕·富特（Philippa Foot）和朱迪丝·汤姆森（Judith Jarvis Thomson）的讨论而引人注目。这个讨论中涉及到如下两种情形：

> 电车开关难题：一辆失控的电车朝着铁轨上的五个人疾驰而来。你可以扳动一个开关，从而把电车引向另外一条只有一个人的铁轨，这个人会被轧死，而另外五个人会得救。[1]

[1] Foot, Philippa, "The Problem of Abortion and the Doctrine of Double Effect," in Philippa Foot, *Virtues and Vices: And Other Essays in Moral Philosophy*, Clarendon Press, 1967, p. 23.

天桥难题：一辆失控的电车朝着铁轨上的五个人疾驰而来。你站在天桥上，旁边有一个胖子，你可以把这个胖子推下桥，胖子会被轧死，但是他的身体会阻挡住电车，从而挽救另外五个人。[1]

虽然这两种情形看似根本上都是牺牲一个人挽救五个人，但是大多数人从直觉上都会认为在开关难题中扳动开关在道德上是可被允许的，而在天桥难题中把胖子推下桥在道德上则是不被允许的。人们为什么会对后果一样的两个难题具有相反的直觉？对电车难题的哲学讨论通常都预设了人们在这个问题上的道德直觉是有道理的，而哲学家的任务是要搞清楚这两个情形中究竟是哪些道德上相关的因素使得我们有理由对它们做出不同的道德判断，并进而反思现有的规范性理论——后果主义和道义论——是否充分考虑到这些道德上重要但又容易被忽视的因素，并基于这种反思对理论本身进行修正。

按照经典的后果主义理论，与行为的正当性相关的唯一因素是行为的后果，它所提出的道德要求就是最大化后果中的善，这样看来，无论是扳动开关还是推下胖子在道德上都是可被允许的，因为在这两种情形中后果看起来都是一样的。因此，后果主义似乎并没有能够解释也无法辩护人们为什么会对这两种

---

[1] Judith Jarvis Thomson, "The Trolley Problem," *The Yale Law Journal*, Vol. 94, No. 6 (1985), p. 1409.

情形做出不一样的道德判断。与之相对，道义论认为行为的正当性不仅与后果相关，也与诸如公平、行为者的意图等等因素相关，并要求对最大化后果中的善施加道义上的限制。道义论由于并不把后果作为唯一重要的考量，似乎就比后果主义更有可能抓住这两种情形之间的区别，一种著名的尝试就是引入双重效应理论（Doctrine of Double Effects）。DDE 有许多不同的版本，按照弗朗西斯·卡姆（Frances Kamm）的归纳，大致来说，它区分了有意造成的伤害和仅仅只是可以预见到并只是作为副产品的伤害，在同样是为了促进某种善的情况下，前者是需要施以道德限制的，而后者在没有更好的办法来促进这种善的时候则是可以被允许的。[1] 按照这种理论，扳动开关是可被允许的，因为这样做的意图是挽救五个人，虽然可以预见到另一个人会死亡，但是并非有意把这个人的死作为手段来挽救其他人。而推下胖子则是不被允许的，因为这样做是有意让胖子被轧死以阻止电车撞到其他人，杀死胖子成为挽救五个人的必要手段而不是副产品。但是 DDE 很快就遭到了挑战，例如汤姆森设计出了电车难题的一个变种，环路难题（loop case），这个情形和开关难题的差别在于，只有一个人的第二条铁轨又绕回到了有五个人的第一条铁轨，这意味着要不把电车引向第二条铁轨并因为撞到那个人而停止，电车就会回到第一条铁轨轧

[1] 参见 Frances Kamm，*Intricate Ethics：Rights，Responsibilities，and Permissible Harm*，New York：Oxford University Press，2007，p. 93。

死那五个人。这里，和天桥难题类似，杀死一个无辜者成为挽救五个人所必须的手段，那么根据 DDE，扳动开关就是不被允许的，但是从直觉上来说，人们又倾向于对环路难题做出和最初的开关难题一致的判断，而 DDE 则不能解释这一点。随后，又不断有新的理论和变种案例被提出，而电车难题的困难之处就在于，无论什么样的原则被提出来以解释我们的直觉，总会有人设计出新的难题使得在应用已经提出的原则时会产生反直觉的后果。

5.2 基于电车难题的双重进程理论

格林处理电车难题的独特之处就在于他没有沿袭之前的规范性进路，尝试提出能够对我们的直觉进行辩护的规范性原则，而是采取了一条描述性的进路，即借助神经科学的技术手段来考察究竟是什么样的心理进程使得我们对电车难题的不同情形做出不同的反应，并最终得出支持后果主义质疑道义论的规范性结论。格林的论证有三个核心部分。

首先，他提出关于道德判断的双重进程理论（The dual-Process Theory of Moral Judgment），将得出道德判断的心理进程区分为自动的情感进程（automatic emotional processes）和有意识的推理进程（conscious reasoning processes）。这是大脑处理外界信息的两种不同方式，前者直接触发自动的直觉反应，“具有直接的驱动性力量”，这种反应是快速的，不受意识控制的，能够让我们迅速对情境做出反应。而后者并不触发特定的行为反应，是有意识的，缓慢的，灵活、可调试的，能够让我们基于对处境的认识并结合一般性的知识形成长期的、审慎的行为计划。他把这两套进程比作数码相机的自动模式和手动模式，是“效率和灵活性之间的平衡折衷”。[1]

其次，他要探究引导人们对不同情形的电车难题做出不同反应的心理进程是什么。他将人们对电车难题的判断区分为两类：一类是“典型的后果主义的判断”，也就是“很自然地为后果主义原则（即不偏不倚的成本收益推理）所辩护”的判断，例如认为在天桥难题中推倒胖子在道德上是可被允许的；另一类是“典型的道义论的判断”，也就是“很自然地根据道义论原则（即根据权利、义务等）来辩护”的判断，例如有意通过杀害一个人来挽救五个人在道德上是不被允许的。[2] 当格林让被试者就包括开关难题和天桥难题在内的道德难题做出判断的时候，他发现当情境中涉及到对他人“贴近与切身的（up close and personal）”伤害时，比如需要亲手把一个胖子推下桥，被试会倾向于做出道义论的判断，这时大脑的情感区域（内层前额叶皮质的大片区域，包括一部分腹内侧前额叶皮质）要更为活跃；而当情境中并不涉及到切身伤害时，比如只需要扳动开

---

[1] Joshua Greene, “Beyond Point-and-Shoot Morality: Why Cognitive (Neuro) Science Matter for Ethics,” in Mathew Liao ed., *Moral Brains: The Neuroscience of Morality*, Oxford University Press, 2016, p. 120.

[2] Joshua Greene, “Beyond Point-and-Shoot Morality: Why Cognitive (Neuro) Science Matter for Ethics,” p. 122.

关来改变电车轨道的时候，被试倾向于做出典型的后果主义的判断，这时大脑的认知区域（背外侧前额皮质，DLPFC）要更为活跃。[1] 他进一步将双重进程模型和两种道德判断关联在一起，认为规范伦理学中具有核心地位的后果主义和道义论之间的张力实际上是情感进程和推理进程之间的张力的表现，并由此得出核心张力原则（The Central Tension Principle，CTP）："典型的道义论的判断被自动的情感反应优先支持，而典型的后果主义判断被有意识的推理和连带的认知控制进程优先支持。"[2]

不难看出，CTP 本质上是关于后果主义和道义论判断的心理基础的经验论断，而格林的工作中最富争议的一部分就是他试图由判断产生过程中的特征来对判断本身的可靠性做出评价。这部分的论证过程中我们可识别出三个重要的环节。首先，格林认为道义论的判断是由情境中"贴近与切身的"因素所触发的，而这些因素本身并不具有道德相关性。他从演化的角度解释了为什么人们倾向于对情境中的"贴近与切身"的因素立刻做出反应。在人类社会早期，"贴近与切身"的方式几乎是伤害他人的唯一方式，对这种伤害具有敏感性并产生充满厌恶的情感反应也是一种具有演化优势的能力，而且在人类的演化历史上出现得要远远早于复杂的抽象推理能力。这就意味着"如果

[1] Joshua Greene, "Beyond Point-and-Shoot Morality: Why Cognitive (Neuro) Science Matter for Ethics," p. 123.

[2] Joshua Greene, "Beyond Point-and-Shoot Morality: Why Cognitive (Neuro) Science Matter for Ethics," p. 121.

我们天生就会对切身的暴力做出反应，这并不是什么应该令人惊奇的事情”，[1] 也就是说，人类对某些直接的人际间的暴力行为具有负面的情感反应是一种不费力的、自动的反应。但是格林认为从伦理学的角度来说，切身的力量和空间上的远近，并不具有道德上的相关性，即在伤害一个人的时候究竟是亲手推还是用开关遥控对这个行动在道德上的对错并不应该构成影响。鉴于此，道义论的判断，就其得出过程而言，是对情境中与道德无关的因素做出的自动的情感性的判断，而并非是道德推理的结果，因此并不具有真正的规范性力量。

进而，格林认为道德推理对于道义论者来说，其作用是对那些通过直觉自动得出的判断进行辩护和合理化。具体来说，“道义论者先是凭直觉分辨出具体的情境中存在哪些权利和义务，然后再寻找出一些原则来解释为什么这些权利和义务的确是存在的”。比如，在天桥难题中，由于对推倒胖子这种切身性伤害有一种本能的厌恶，从而激发出否定性的道德判断，然后再用“不能把人类仅仅作为工具”，或者 DDE 这样的理论来为这种判断进行辩护。格林形象地把这种事后的辩护过程称之为“跟着直觉跑（intuition chasing）”的过程，其典型特征在于“让一般性的原则来合乎那些（大多数情况下是）随着直觉起起落落的判断”。而与之相对的后果主义判断，无论是在切身性的

---

[1] Joshua Greene, “The Secret Joke of Kant’s Soul,” in Walter Sinnott-Armstrong ed.，*Moral Psychology*：*The Neuroscience of Morality*，Cambridge：MIT Press，2008，p. 43.

还是非切身性的情境中，都会按照后果主义的最大化原则，通过成本收益的推理，对行为在道德上的对错做出一致的判断，虽然这意味着要克服一些天生具有的情感反应。这在格林看来是一个“咬牙吞子弹（bullet biting）的过程，不管直觉怎样起起落落，也要让判断合乎原则”。[1]

第三，以上两点中实际上都隐含着这样一种观点，即由道德推理产生的判断是更为可靠的。对此，格林一方面澄清并非在所有的情况下自动的情感模式都不可靠，但是也指出“自动模型只有经过试错经验（trial-and-error experience）的塑造才能良好的发挥功能”。另一方面，他强调当我们面对并不熟悉的问题时，无论是从演化的、文化的，还是个人的角度来说，我们都缺乏充分的经验，那么手动模式是更为可靠的。例如开车，学习驾驶的过程中需要有意识地运用各种规则，要是有人凭本能和直觉就能开好车，那必然是个认知奇迹，同理“在面对不熟悉的道德问题时，如果我们也具有可靠的道德直觉，这也会是一个认知奇迹”。他由此得出认知无奇迹原则（The No Cognitive Miracles Principle，NCMP）：当我们在处理不熟悉的道德问题时，我们应该较少地倚赖自动模式（自动的情感反应）并更多依赖手动模式（有意识的，受控推理），以免依赖认知奇迹。[2]

---

[1] Joshua Greene，“Beyond Point-and-Shoot Morality：Why Cognitive (Neuro) Science Matter for Ethics，” p. 134.

[2] Joshua Greene，“Beyond Point-and-Shoot Morality：Why Cognitive (Neuro) Science Matter for Ethics，” p. 131.

他进而提出判定不熟悉的道德问题的两种方式：一是那些从目前的文化发展，尤其是从现代技术和不同文化的碰撞中产生的问题很有可能是陌生的，如气候变化，全球正义问题；二是容易产生道德分歧的问题很有可能是陌生的，在对非道德的事实层面没有疑义的情况下仍旧存在道德分歧很有可能是因为人们具有相冲突的道德直觉，要决定究竟是哪一方的自动模式出了问题，就需要手动加以检验。他认为电车难题正是属于这一类并不熟悉的道德问题，因而手动模式是得出判断的更为可靠的方式，也正是从这个意义上来说，依赖于自动的情感模式的道义论判断是缺乏可靠性的。

5.3 双重进程理论面临的问题

格林的观点一经提出，就引发了很多批评和讨论，在评价这些批评之前，我们首先有必要恰当地理解格林的论证的性质。有一种常见的误解是认为格林试图以神经科学的证据来证明道义论判断是错误的。对此，需要厘清两个问题。第一，格林并不是试图从经验研究中直接推导出规范性的结论，而是承认在这个论证过程中规范性的前提也是必须的。例如，单凭“道义论判断是对情境中的贴近且切身的因素做出的回应”这个经验判断是无法推出“道义论判断是缺乏规范性力量”这个评价性结论的，中间势必还需要加入一个规范性的前提：贴近且切身的因素并不具有规范意义上的重要性。但是对于格林来说，由于规范伦理学理论对不偏倚性的强调，这个前提近乎是老生常谈，而他的经验研究的独特贡献就在于，当这个并不富有争议的规范性前提同他的经验证据相结合之后，却能够得出对道义论的新的挑战。

第二，格林的论证在于表明道义论判断的产生过程使得它的可靠性和揭示真理的可能性都是更加值得怀疑的，但这并不表明道义论的判断就必然是错的。格林的论证根本上立足于这样一种策略，即我们除了可以通过指出一个论断本身存在的问题，这包括其内部的融贯性，证据是否充分来对它提出挑战，还可以通过揭示人们在得出这个论断的思考过程中存在的问题来对它提出质疑，这些问题包括出于偏爱的考量，受到激情的蒙蔽等等。例如，当你我在争论 A 是不是一个好法官的时候，我通过指出你是 A 的至亲好友，或者你刚刚喝过两瓶烈酒来质疑你能否得出正确判断。但必须注意，即便如此，这也无法表明这个判断就必然是错的，即便是在带有偏见或者醉酒的情况下，人们仍旧有可能做出正确的判断，所以严格来说，这种策略在于表明某个判断可能是不可靠的，因此相信这个判断可能是得不到辩护的。这种策略被廖称之为知识论上的拆穿论证（epistemic debunking argument），在将经验科学与哲学问题相结合的研究中，这种形式的拆穿论证是很常见的。[1] 如果这样

[1] 参见 S. Mathew Liao, "Morality and Neuroscience: Past and Future," in S. Mathew Liao ed., *Moral Brains: The Neuroscience of Morality*, New York: Oxford University Press, 2016, p. 28。

来理解格林的论证，那么我们会发现它并不是如内格尔所批评的那样试图通过扫描大脑来解决道德问题，揭示道德真理，而是在于试图揭穿对道德问题的某些回答是并不可靠的。虽然它并不能从一种强的意义上表明道义论判断是错误的，但是通过揭示道义论判断其实是大脑的情感区域对情境中的非道德因素的自动反应，加之自动的情感进程的产物在面对不熟悉的道德问题时是不可靠的，那么我们有理由认为道义论的判断是不可靠的，也是得不到理性辩护的。要评价这个拆穿论证是否有效，我们有必要依次审视得出这个结论的两个前提。

首先来看第一个经验性的前提，这实际上就是上文提到的CTP所表达的内容，格林用来支持CTP的一个主要证据在于：切身的困境产生情感区域的更多活动，人们更易得出道义论的判断，非切身的困境产生DLPFC区域的更多活动，人们更易得出后果主义的判断。这个证据中涉及到三个区分，即切身的困境和非切身的困境，自动的情感模式和手动的推理模式，道义论的判断和后果主义的判断，在格林的论证中，这三个区分是可以一一对应的，但有许多批评者都指出了这三者之间并不匹配的例证。这些反例体现在两个方面。一方面，情境中是否存在切身性的因素并不能将后果主义判断和道义论判断真正区分开来。例如，廖设计出天桥难题的按钮版本，在这个场景中，你可以通过按动按钮来操控一个可移动的站台，把上面站着的一个无辜者放到电车前以阻止它冲向另外五个人，虽然这里并不涉及到贴近而切身的伤害，但实验表明大多数人还是认为按下开关在道德上是不被允许的，这说明在非切身性的困境中，人们也有可能倾向于得出道义论的判断。[1] 卡姆设计出电车难题的转盘版本（lazy Susan case），在这个场景中，五个人被困在转盘的一角，要阻止电车冲向他们的唯一办法就是转动转盘，而这样会让转盘另一角上的一个旁观者被撞，即便转动转盘给这个旁观者带来的伤害是贴近而切身的，但卡姆认为从直觉上看，哪怕是一个非后果主义者也会同意在这种情况下转动转盘是可以允许的。这表明在切身性的困境中，人们同样可能倾向于得出后果主义判断。[2] 另一方面，双重进程和两类道德判断之间的关联也并不是必然的。盖伊·卡亨（Guy Kahane）就举出一些例证表明许多道义论的判断也是有意识的推理进程的产物。这些例子具有的一个特征是：做出道义论的判断是和多数人的直觉相违背的，例如，在为了避免伤害而撒谎的情形中，坚持认为这种善意的谎言在道德上是不被允许的。从直觉上看，多数人会倾向于立刻做出后果主义的判断认可这种撒谎行为，而坚持道义论的判断则是反直觉的。卡亨对这种情形的 fMRI 研究表明，反直觉的道义论判断和慎思推理进程是紧密关联的，和天桥难题中被格林认为是典型的后果主义判断具有“极其相

[1] 参见 S. Mathew Liao，“Morality and Neuroscience：Past and Future，” p. 30。

[2] 参见 Frances Kamm，“Neuroscience and Moral Reasoning：A Note on Recent Research，” *Philosophy & Public Affairs*，Vol. 37，No. 4（2009），pp. 334 - 335。

似的神经激活模式”。[1] 这就意味着至少在某些情形中情感进程和推理进程并不必然对应着道义论判断和后果主义判断。

格林也援引神经科学研究中的其他证据来支持 CTP，这包括大脑情感区域有缺陷的人——如 VMPFC 区域受损病人和冷漠的心理变态者（psychopaths）——更倾向于做出后果主义判断，哪怕是需要以伤害亲人为代价，相反，同情心更强的人更容易做出道义论的判断。[2] 这些证据似乎支持了情感进程和道义论判断之间的关联，但是这是不是就反过来能证实后果主义判断就是为推理进程所支持呢？按照格林的双重进程模型，既然这些人缺乏情感能力，那么这种判断只能是为推理进程所支持，而由于这些人对伤害他人的做法并没有情感上的厌恶和恐惧，这里所涉及到的推理仅仅是五条人命多于一条人命这样一个快速而不费力的计算，而并不涉及到在相冲突的考量之间的任何权衡与慎思。因此，正如卡亨所说，他们“不是被认知努力所驱使的，而是为情感缺陷所驱动的，这样的个体并不是在道德上更理性的意义上更善于计算，他们只是更冷酷而已”。[3] 但是，我们在规范性意义上谈论的后果主义判断，却并不是在面

---

[1] Guy Kahane，“Intuitive and Counterintuitive Morality，” in Justin D'Arms and Daniel Jacobson eds.，*Moral Psychology and Human Agency*：*Philosophical Essays on the Science of Ethics*，Oxford：Oxford University Press，2014，p. 16.

[2] 参见 Joshua Greene，“Beyond Point-and-Shoot Morality：Why Cognitive（Neuro）Science Matter for Ethics，” p. 125。

[3] Guy Kahane，“Intuitive and Counterintuitive Morality，” p. 26.

对道德难题时对他人的伤害无动于衷，而是对后果的考量在批判性的反思之下克服了道义论的直觉，这种后果主义式的慎思推理显然是这些病态人群没有能力做出的。而且进一步，这些人并不只是缺乏对伤害他人的厌恶之感，而且也并不认为这些伤害在道德上是有问题的，他们因此也并不为此感到后悔。而史蒂芬·达沃尔（Stephen Darwall）指出道德判断是与道德责任紧密相关的，因此也与斯特劳森（P. F. Strawson）所说的"反应性态度（reactive attitudes）"相关，如愧疚，怨恨和谴责等等，通过这些态度我们认为自己和他人是能够对判断和行为负责任的。而这些病态人群显然缺乏这些反应性的态度，因此，"虽然他们有能力评价各种行为后果是好是坏，但是可能无法恰当地思考究竟是什么使得行为在道德上对或错"。[1] 这也就意味着他们甚至可能缺乏做出真正意义上的道义论或者后果主义判断的能力。

面对这些批评，一方面我们需要注意到格林的确承认双重进程理论存在例外，但他强调"重要的不是双重进程理论完美地预测了每一个案例，而是它抓住了哲学的道德心理学的一般形态"。[2] 这就意味着一些反例的存在并不一定否定理论整体的有效性。但是，另一方面，这些反例也揭示出，虽然格林的经验研究可以表明某些道义论判断是与情感性反应密切相关的，

[1] Stephen Darwall, "Getting Moral Wrongness into the Picture," in S. Mathew Liao, ed., *Moral Brains: The Neuroscience of Morality*, p. 164.

[2] Joshua Greene, "Beyond Point-and-Shoot Morality: Why Cognitive (Neuro) Science Matter for Ethics," p. 127.

但是这并不足以说明道义论判断就是情感进程的产物。而且他在考量涉及到病态人群的证据中也表露出他对推理进程的理解是过于稀薄的，而以缺乏反应性态度的病态人群为例也并不能揭示后果主义判断所涉及到的推理、慎思进程的本质，反而有将其简单化的倾向。

接下来再看这个拆穿论证的第二个规范性前提，即自动的情感进程的产物在面对不熟悉的道德问题时是不可靠的。为了支持这个看法，格林诉诸认知心理学中的捷思法（heuristics）概念，把道德领域中的情感进程描述为是自动，快速而不精确的捷思过程，它可能对在我们演化历史中常见的、为人熟知的问题上能够恰当地发挥作用，但却并不适用于我们今天面临的并不熟悉的新问题。这个论证也受到了多方面的挑战，首先塞利姆·博克（Selim Berker）反对把道德领域中的情感进程理解为一种捷思法。他的策略是把道德领域和其他领域中的情感进程区分开来，指出在非道德领域里，例如逻辑推理和概率推理中，当我们把某种心理进程称为捷思法的时候，我们对什么是对错已经有很好的把握，但是在道德领域中，究竟什么是对错却是有待争辩的。因此，博克提出疑问："如果我们不预先已经对道德真理有所把握，如何能够宣称这些情感进程就是获得道德真理的快速而草率的捷径呢?"[1] 所以他认为把支持道义论

[1] Selim Berker, "The Normative Insignificance of Neuroscience," *Philosophy & Public Affairs*, Vol. 37, No. 4 (2009), p. 317.

判断的情感进程看作是一种捷思法是乞题的。但是我们也需要注意到，格林的论证作为一种知识论上的拆穿论证，强调的是得出判断的过程中存在的问题，如果我们发现得出道义论判断的情感进程在非道德领域内是草率而不可靠的，那这就足以使我们有理由质疑道义论判断的可靠性，无论我们是否已经掌握了道德真理。就好比在之前的例子中，即便我们并不知道A到底是不是个好法官，但如果你对这个问题的回答是在酒精的作用下得出的，那么我们就有理由质疑这个回答的可靠性。

如果我们可以认同格林的看法，把情感进程当作是一种不太精确，值得质疑的捷思法，但是我们还是可以追问凭什么认为推理进程就是一种更精确更可靠的心理机制呢？换句话说，评价所谓可靠性的标准究竟是什么？可能有人会说，慎思性的推理不是显然比自动的情感反应要可靠么？但是值得注意的是，情感本身也可以是识别道德真理的一种重要方式，而且科学哲学家詹姆斯·伍德华德（James Woodward）和约翰·阿尔曼（John Allman）基于神经科学的证据表明包括自动的情感反应在内的道德直觉是“更广泛的社会直觉的一部分，指导我们进行复杂、高度不确定和迅速变化的社会交往”，“并能够在道德决策中扮演合法的角色”。[1] 甚至是对格林所青睐的后果主义来说，也有这个阵营内的哲学家指出慎思推理也并非必然更为

[1] James Woodward and John Allman, “Moral intuition: Its neural substrates and normative significance,” *Journal of Physiology-Paris*, Vol. 101, No. 4–6 (2007), p. 179.

可靠。如尤金·贝尔斯（Eugene Bales）提出了一个重要的区分，即决策程序和评价标准之间的区分，作为评价对错标准的后果主义并不一定要求行动者在每一个行为决策中都有意识地考量如何尽最大的努力促进后果中的善，在实践当中很有可能发生越是努力促成好的后果，越是事与愿违的现象。[1] 所以，并不一定说越是慎思推理得出的判断就越可靠。这本身仍旧是一个需要加以论证的问题。

回答这个问题的一个策略是提出一个可靠的道德判断所具有的特征，并表明由大脑中的某些区域做出的道德判断并不具有这样的特征。格林的论证中也的确采用了这样一个策略，从他对切身性的讨论当中我们可以看出，他认为一个可靠的道德判断所具有的特征是：它必须是非切身性的，不能因为距离远近的不同就给予同样处境下的人以不同的对待。但是这样一个策略存在两个问题。首先切身性因素是否就一定是与道德无关的？的确在电车难题的不同版本中，亲手推还是用开关遥控的方式伤害一个人确实不应该成为我们判断这个行为道德上对错的考量因素。但是在其他情形中，例如是应该用极其有限的物资优先帮助身边的亲人还是远方的陌生人，对距离的远近和亲疏关系的考量就并非是在道德上得不到辩护的。当代规范伦理学的讨论中也日益重视偏倚性在规范意义上的重要性，因此，

---

[1] 参见 Eugene Bales，"Act-Utilitarianism：Account of Right-Making Characteristics or Decision-Making Procedure？" *American Philosophical Quarterly*，Vol. 9，No. 3（1971），p. 263。

格林要把非切身性作为可靠的道德判断的特征还需要更充分的论证。第二个更为严重的问题，也是博克和卡姆都指出的一个问题是，如果把讨论引向一个可靠的道德判断究竟应该对情境中的哪些因素做出反应，这实际上是一个规范伦理学内部的问题，是一个由道德哲学来解决的问题，与神经科学的实验结果是无关的。这也就消解了格林的经验研究所具有的规范意义上的重要性。

如果这个回答是存在缺陷的，我们可以看到格林在认知无奇迹原则中还表达了对可靠性的标准的另一种回答，他将我们的道德问题区分为在人类的演化历史中已经熟悉的问题，和当代社会中面临的陌生问题，对前者来说经过反复试错形成的自动反应可以是可靠的，而对于后者来说则应该更多依赖有意识的推理进程。但是这样一个回答也同样面临问题。采用这种方式来对道德难题进行分类忽略了行动者本人的背景知识对他们如何感知并处理道德问题所产生的影响。例如，如格林所说，开车对于大多数新手来说都不是一项可以通过自动模式来完成的任务，而是需要有意识的推理模式发挥作用，但是一旦人们真正掌握了这项技能成为熟练的司机之后，在遇到交通状况的时候往往可以自动快速地做出判断，而不再依赖有意识的慎思。这实际上揭示出在人类生活的大多数领域都有一个从新手到专家的过程，这两类人由于其背景知识和实践经验的差别，哪怕同样是通过自动模式做出的直觉式的反应，其内容也是大相径庭的。在道德领域当中也是如此，那些更善于道德思考的人拥有更多的系统知识，而且能够更不费力且更有技巧地运用这些知识，这不仅仅是在长期的实践中接受默会知识的过程，也涉及到我们在讨论海特的社会直觉主义模型时提到的直觉和其他认知方式之间反复迭代地互动，这包括对道德敏感性的培养，如何应用默会于心的原则，并在长期的实践中，尤其是通过处理道德困境而对这些敏感性和原则的应用加以微调。如果把行动者之间存在的新手与专家的差别考虑进来，同样是面对格林意义上的陌生问题，由多种认知能力相互交织发展出的自动的直觉，和缺乏经验和概念框架，为环境中各种杂乱无章的刺激性因素所牵引的自动反应是完全不同的。但是格林所依赖的fMRI技术是无法扫描到这种差别的，把基于不同的背景知识和实践经验的自动反应都处理为是不可靠的在根本上是忽略了双重模式迭代互动的重要性。

格林借助fMRI技术探究人们面对电车难题做出不同的道德判断时大脑究竟是如何运行的，他提出道德判断的双重进程模型以解释道义论判断和后果主义判断所依赖的不同心理进程，并进而得出一个规范性的结论说，由自动的情感进程优先支持的道义论判断，较之于由有意识的推理进程优先支持的后果主义判断是缺乏可靠性的。格林基于经验研究来解决规范性问题的论证最好应被理解为知识论上的拆穿论证，即并非不合理地跨越是与应当的界限，直接以经验证据证明道义论是错误的，而是将新的研究手段得出的经验证据与在他看来广为接受的规范性前提相结合，对道义论判断在揭示真理上的可靠性提出新的质疑。这一研究尝试揭示出不同类型的道德判断的形成机制，以及在形成过程中究竟是对情境中的哪些因素表现出敏感，这对批判性地反思与调试我们的道德判断无疑都具有重要意义。但是，也必须注意到这个拆穿论证中存在的问题。就其经验性前提来说，某些道义论判断和自动的情感进程密切相关，而这些情感进程在切身处境下的自动激活最终又是诉诸演化得以解释的，但是这并不足以说明一般意义上的道义论判断就是作为演化产物的情感进程所引发的。而且他以缺乏反应性态度的病态人群为例也并不能揭示后果主义判断所涉及到的推理、慎思进程的本质，反而有将其简单化的倾向。就其规范性前提来说，格林对情感进程为何较之推理进程缺乏可靠性也尚未做出令人满意的回答，他的解释一方面有可能把问题引向一个纯粹的规范性问题，即可靠的道德判断究竟应该对情境中的哪些因素做出反应，而这与神经科学的实验结果是无关的，也就消解了这种研究所具有的规范意义上的重要性。另一方面，当他把面对陌生问题时的自动反应都处理为不可靠时，也忽略了同样是直觉性的情感反应，但是由于背景知识和实践经验上的差异，其内容和可靠性也会大相径庭。这也由此引出当我们强调情感对道德判断的重要作用时，究竟应该如何恰当地理解情感的概念的问题。

6. 情感的本质

社会直觉主义模型和双重进程模型都反对传统的理性主义模型，认为情感在得出道德判断的过程中起到了重要作用。通过上一章的分析，我们可以看到，这两种模型虽然存在一些重要的差别，但是它们都把情感处理为快速的直觉反应，并诉诸演化理论来解释这些情感的起源，它们都倾向于将情感理解为在人类演化过程中，针对特定的环境压力而形成的适应性产物。那么对情感的这种理解是否恰当呢？这是本章所要继续探讨的问题，为此，我们将首先揭示人类情感[1]所具有的复杂性特征，

---

[1] 本书中所讨论的情感对应于英文中的“emotion”一词，国内有些研究文献，尤其是心理学的研究文献亦将其译为“情绪”，和在心理学、神经科学中经常使用的“affect”一词互换使用。我在本书中倾向于将“emotion”译为情感，而将“affect”译为情绪。之所以采用这个处理，一方面是考虑到在哲学语境中，传统上习惯于将“emotion”译为情感，沿袭这一译法也和本书所讨论的情感主义进路相一致。另一方面，这种处理在一定程度上可以体现“emotion”和“affect”这两个概念的区别。这两个术语在西方学术史上的用法和含义本身也经历了时代的变迁，发生了很大变化。在当代语境中，大致来说，“affect”，尤其是一些“core affects”指的是一种简单、原始、非反思性的神经生理状态，比如快乐和痛苦，（转下页）

并以此出发考察理解情感本质的几种主流理论，然后将着重关注其中的非认知理论是否必然蕴含着要把情感理解为演化的产物。

6.1 情感现象的复杂性

无论是海特还是格林，在运用情感/直觉系统和推理系统来分析道德判断的心理机制的时候，都只关注到情感在发生时间和认知可控性上的特征，但是当我们仔细来看人类的情感现象时，却能够发现情感是一种具有高度多样性和复杂性的心理

（接上页）紧张和放松等。这些情绪可以以分离的形式单独出现，也可以是构成更复杂的心理状态的要素，这些更复杂的心理状态在当代语境中往往被称作“emotion”，指的是关于某个对象的一系列相互关联的复合状态，其要素包括核心情绪；相伴而生的行为表现（比如面部表情）；集中于对象的注意力；对对象的意义做出认知评价等等。当然，这两个概念的内涵仍旧处于动态的更新之中，但是就一种一般性的趋势而言，我们还是可以看到在经验科学的语境中，倾向于谈论“affect”，所以有“affective science”，即“情绪科学”这样的说法，而在哲学语境中，则倾向于谈论“emotion”，也有“philosophy of emotion”，即“情感哲学”这样一个研究领域。出于这两方面的原因，本书采用“情感”这一译法。不过，这种译法也引出另一个值得一提的区分，即“emotion”和“sentiment”的区分，“sentiment”一般也被译为“情感”，“sentimentalism”也相应地被译为“情感主义”。“Sentiment”是十八世纪英国哲学家们偏向于采用的一个术语，有的时候会被用来和“passion（激情）”相对照，特指冷静的情感，即由反思或其他途径加以控制的情感，而激情则是一种原始的，未加纠正的情感。例如，休谟就通常采用“sentiment”指称作为道德判断和美学判断的基础的那一类精致的、反思性的情感。而在当代语境中，普林茨作为新休谟主义者对“sentiment”一词的意义做出了新的解释，将其理解为一种情感倾向，而非某种具体的情感。

现象。

我们先从社会直觉主义模型和双重进程模型中都默认的情感具有的两个特征说起。一方面是情感的发生时间，的确有许多情感是即刻、快速发生的，例如被突然的尖叫声所惊吓，看到尸体的恶心感，但是我们也应该看到有许多情感的发生过程是缓慢的，甚至是没有明确时间节点的，持续的时间也是漫长的。例如抑郁，这种对生活感到绝望，对任何事物都毫无兴趣的情感往往都不是突然产生的，而是不断累积逐步发展而来的，持续时间也是漫长的，再如对父母子女的持久的关爱。另一方面是认知可控性，在这里有必要区分这个特征的两个含义，一种含义是说情感的发生是无意识的，即低于意识的门槛，没有被主体所意识到，另一种含义是说情感的产生是不需要经过复杂的认知处理的。[1] 海特和格林的模型都预设了情感既是无意识的，也是不需要付出认知努力的。但事实上，在这个特征的两个含义上，情感都具有多样性，情感既可以是无意识的，如在潜意识里嫉妒好朋友的成功，但也可以是有意识的，如觉察到嘴里飞进一只蛾子时感到的恶心。情感可以是不太需要认知处理就能立刻得出的，例如在森林里看到棕熊时的惊恐；但有时候却又涉及到复杂的认知处理，甚至是有意识的慎思和选择的产物，如愧疚这种情感就是建立在对自身行为的反思性评

---

[1] 这两层含义是可以彼此独立的，有意识和无意识的区分并不对应于认知上复杂和认知上简单的区分。下文中提及的害怕棕熊的情形就是有意识的，但是却是认知上简单的。

价的基础之上的。除了这两方面的复杂性，情感还在如下几个方面显现出多样性。

首先，情感具有意向性（intentionality），即情感总是指向某些事物的。这些事物是多种多样的，可以是具体的对象，例如，对偏僻小巷里突然冒出的人影感到惊恐，对某一位异性心生爱慕；也可以是一种一般性的事态，例如，对贫富差距扩大感到愤怒，为全球变暖感到忧虑。除了这些现实的对象，情感也可以指向想象、虚构的对象，如为小说里的英雄之死感到悲伤，看到《惊声尖叫》里的面具怪人而感到恐惧。

其次，在通常情况下，情感所指向的对象也正是我们所关心、看重的事物，并由此揭示出对于我们的生活具有重要性的那些维度。你为好友在比赛中获胜感到骄傲，如果你对他漠不关心，必定不会产生骄傲的情感；我们对父母家人的爱也传达出他们之于我们的重要性；而你之所以为贫富悬殊的现象感到愤怒是因为你在乎社会公正。正如哲学家彼得·戈尔迪（Peter Goldie）所说的“情感是关于那些对你来说重要、你关心或珍视的事物”。[1]

进一步，我们对事物所产生的情感反应也可以用“恰当性（appropriateness）”来衡量。如果你因为春节没有回家看望父母而感到愧疚，我们会说这种情感是恰当的，但是如果你作为

[1] Peter Goldie, "Emotion," *Philosophy Compass* Vol. 2, No. 6 (2007), p. 931.

普通的工薪阶层，却因为没有给父母在上海买别墅而感到愧疚，我们会认为这种情感是难以理解，也不太恰当的，我们会需要你给出进一步的理由来说明为什么你产生这种情感是合理的。这个例子提示出对恰当性的评价是与理性辩护密切相关的，也就是说它考察的是情感与支持它的信念之间的理性关联是否成立。而且我们对这种理性关联的反思也会进一步影响到我们的情感反应。例如，你看到眼前突然出现了一条蛇而感到恐惧，这种情感是为"你相信蛇会咬人"这个信念所解释并辩护的，而且如果你意识到这条蛇不过是小朋友的仿真玩具蛇的时候，你可能长舒一口气，恐惧之情也随着之前信念的改变而烟消云散。[1] 也就是说，在海特和格林都强调情感与理性之间的对立时，我们也需要注意到情感现象所具有的理性维度。

此外，情感还具有具身性（embodiment）。情感和其他的心理状态，如信念，非常不一样，它们典型来说都伴随着生理上的感受和变化。如恐惧使人心跳加快，呼吸急促；悲伤使人喉头发紧，泪流满面；愤怒使人头脑发热，血压升高；恶心使人

---

[1] 当然，必须指出的是，也完全有可能出现即便我们相信这并不是一条真正的蛇，也完全不会咬人，但却依然感到恐惧的情形。这并不意味着情感与信念因此就是完全独立的，而是揭示出情感与信念之间发生关联的复杂性，这体现在这两者之间会发生冲突，如即便相信这个人并不值得你的爱，但是仍旧无法停止对他/她的迷恋；也有可能对同一事物，我们会拥有由不同信念所支持的相冲突的情感，如在面对好友取得的巨大成就时，我们可能既感到骄傲（我们相信这个成就是有价值的，而且是朋友应得的），同时又感到嫉妒（我们相信自己的资质和付出的努力并不比朋友差，但却籍籍无名）。

肠胃不适，引发呕吐等等。当然，情感的具身性也具有一些复杂性，如有些情感所对应的生理感受是显然易见的，如悲伤、惊讶、喜悦都具有典型的面部表情，而有些情感则并不具有明显可识别的生理表现，如后悔、嫉妒等；而且情感和生理感受也并非是一一对应的关系，有些情感分享着相似的感受，如愤怒、恐惧、紧张就生理上的唤起特征而言就是非常相似的。

最后，情感还具有驱动性。即情感似乎或多或少都具有驱使我们去行动的力量。愧疚驱使我们对自己的过错做出补偿，仇恨驱使我们对敌人进行报复，恐惧驱使我们赶快逃离危险。当然，不同情感的驱动力也是有差别的，有些情感，如愤怒、恐惧都具有直接而强大的行为驱动力，而有些情感则不太能驱动行为，或者更确切地说，有些情感并不驱使人们主动地去做某些事情，而是驱动了一种社交上的回撤（social withdrawal），例如沉浸在悲伤和绝望中的人们失去了做任何事情的动力，但这也从另一个角度表现了情感对行为的强大影响力。

总的来说，我们可以看到情感是有意向性的，它所指向的对象往往是对我们的生活具有重要性的那些事物，我们对这些事物的情感反应是可以用理由来加以辩护，用恰当性来加以衡量的。情感总是与某些特定的生理上的感受相关联，情感也具有驱动行为的力量。旨在理解情感的本质的哲学家和心理学家们都试图建立起各种理论模型来解释情感现象所具有的这些特征。有些研究者特别看重情感的理性层面，认为情感是由对处境的认知评价，确切地说由判断所构成，由此建立起理解情感的判断论模型，也有些研究者认为情感的具身性是更为根本的，由此建立起理解情感的感受论模型，在这两种理论模型之间还有一些试图将情感的认知要素和感受要素相结合的折衷模型。我们接下来将分别讨论这些理论模型。就本书的主旨而言，重要的不是对这些理论模型的优劣做出细致的甄别，而是试图表明，纯粹的判断论模型有着明显的困难，情感具有的具身性特点对于理解情感的本质是根本性的。在此基础上我们将讨论对情感的具身性所做出的演化理解。

6.2 理解情感的判断论模型

在理解情感本质的不同进路中，强调情感的认知性层面的进路认为情感本质上是对处境做出的认知性评价，这种评价典型的来说，就是对某种处境对我们来说究竟意味着什么所做出的判断。假设你接到一份国际会议的邀请函，这可能是由一个你一直渴望加入的学术组织主办的，会议的议题和主题报告都是你特别感兴趣的，你会认为这是一份你求之不得的邀约，这就构成了一个积极的评价，即根据你的判断，一件梦寐以求的好事正发生在你身上。但是我们也可以设想你对这个会议毫无兴趣，只是学院分派下来的任务，而此时你的教学与科研工作都尤其繁重，还恰好又有生病的家人需要照顾，这时，你很有可能把这份邀请判断为是让你的困境雪上加霜的坏事，这也就构成你对处境的一个消极的评价。而情感的判断论者就认为每一种情感本质上就是由对处境的这些不同的评价性判断所构成的。当你把这份邀请判断为满足了你的学术追求时，你感受到兴奋和喜悦，而当你把这份邀请判断为徒增负担时，你感受到压抑和紧张。与此类似，恐惧根本上就在于把处境判断为是危险的，羞愧根本上就在于把自己的行为判断为可耻的。

判断论为情感体验和评价性判断或信念之间的密切联系提供了简单有力的说明。一方面，情感和判断通常相伴而生，你的愤怒和你对自己遭受了侮辱或不公正对待的判断是联系在一起的；另一方面，当评价性的判断发生改变的时候，我们的情感也会随之发生改变。假设你为学生到了截止日期仍迟迟不提交期末论文而感到生气，因为你相信这个学生并没有认真对待这门课程，也并不尊重你制定的评分标准。但是，随后你得知这个学生因为突然遇到车祸而正在医院抢救，那么你的气愤会立刻消失，转而被同情和关切所取代。如果我们认为情感根本上就在于对处境的判断，那么就很容易解释为什么我们放弃了某种信念或判断的时候，相应的情感就会消失。

判断论也并不否认情感的非认知性层面，即具身性层面，如各种感受和生理上的现象，但是它并不认为这些对情感来说是本质性特征。尤其是正如上节所提到的那样，不同情感的感受性层面有着很大的多样性，有些时候这种生理上的感受甚至是并不明显的。比如，虽然恐惧一般伴随着战栗的感受，但是判断论者会认为战栗的感受对于恐惧来说既不是充分的，也不是必要的：我们在寒风中会战栗，但是并不恐惧；我们对地球环境的日益恶化感到恐惧，但并不会因此而战栗。情感虽然通常伴随着各种身体上的感受，但这并不是必然的。这一点在一些复杂的、长时段的情感上表现得更为明显。例如对父母的爱，我一直以来都深爱我的父母，但是这种情感并不意味着和父母相处的所有时刻都让我有温暖、舒服的正面感受，在平淡的日常生活中，这种爱很可能并没有给我任何特殊的感受，甚至当他们不断催促我结婚生子的时候，我可能对他们感到厌烦，但是即便如此，从判断论的视角来看，我仍旧可以说我一直爱着我的父母，因为我一直将他们判断为对我的生活最重要也是最有价值的人。

对情感的这种判断论理解在哲学上可以追溯至斯多亚派（the stoics），当代哲学家罗伯特·所罗门（Robert Solomon）和玛莎·纳斯鲍姆（Martha Nussbaum）也进一步发展了这种理论。正如我们已经提到的，判断论确实可以很好地解释情感具有的理性维度，因为如果情感就是判断或信念的话，它们的恰当性就可以像评价判断的恰当性那样，根据它们是多么准确地表征了它们本应去表征的东西来衡量。[1] 但是这种理论仍旧存在一些重要的困难。

首先，如果情感就只是判断，而判断又被理解为对一个命

---

[1] 参见 Valerie Tiberius, *Moral Psychology: A Contemporary Introduction*, New York: Routledge, 2015, p. 72。

题的赞成或反对，那么就会遇到一些明显的反例，如婴儿和动物的情形。婴儿和动物一般来说都缺乏赞成命题所需要的概念上的复杂性，但是，虽然他们无法形成像判断或信念这样的命题态度，但是不可否认他们仍旧拥有情感体验。正如约翰·迪伊（John Deigh）在提出这个批评时所说的："判断像信念一样，是蕴含着对命题的接受或确认的心智状态。因此，拥有情感要求能够对命题进行理解和确认。也就是说，这样的个体必须已经习得了语言。由于野兽从未习得过语言，而婴儿又尚未习得语言，判断论就无法解释他们的情感"。[1]

其次，判断论也很难解释情感对理性的顽抗（recalcitrance）。正如贾斯丁·达姆斯（Justin D'Arms）和雅各布森指出的那样，有些情感会顽固地存在，即便行动者做出了与之相冲突的判断。例如有些人相信坐飞机并不危险，也知道飞机失事的概率远远小于开车去机场途中发生车祸的概率，但就是抑制不住地感到害怕。情感在判断面前的顽固性不仅发生在害怕的情形中，愤怒、愧疚、嫉妒和羞耻这些情感也都具有类似的顽固性，如即便相信同事的成功是实至名归，但仍旧忍不住嫉妒；即便相信自己并没有犯错，但仍旧感到愧疚等等。[2]

---

[1] John Deigh, "Concepts of Emotions in Modern Philosophy and Psychology," in Peter Goldie ed., *The Oxford Handbook of Philosophy of Emotion*, Oxford: Oxford University Press, 2009, p. 27.

[2] 参见 Justin D'Arms and Daniel Jacobson, "The Significance of Recalcitrant Emotion (or, Anti-quasijudgmentalism)", *Royal Institute of Philosophy Supplement* Vol. 52 (2003), pp. 127 - 145。

第三，判断论也难以解释情感对行为的驱动力。虽然我们已经看到不同情感的驱动力有强弱之别，但是一般而论，情感驱使行动的力量是它区别于其他心理状态的重要特征。但是就判断或信念而言，却往往并不具有驱动行为的直接力量。例如，我相信利比亚的人民正在遭受战争的威胁，但这并不驱使我去缓解他们的苦难；排队的时候有人插队，我判断这个人做了一件错事，但是这个判断很有可能并不促使我去做出任何纠正或报复的举动。

判断论者针对这些批评，试图通过对情感所是的那种判断做出重新阐释来使得这种理论模型能够包容一般的判断概念所无法解释的情感特征。所罗门和纳斯鲍姆都在这个思路上做出了努力。所罗门认为情感是在"从主观的角度与世界打交道"，是一个"交织着判断、欲望和意向的复合体"。他特别强调这里的判断"不应当被混同于单称的笼统的判断"，"也不应当被看作是某种经过慎思的、明确表达出来的，或者完全有意识的东西"。[1] 也就是说，"判断并非是一种超脱的理智活动，而是以认知的方式同世界打交道的一种途径，并有一系列复合的热望、期待、评价、需要、要求和欲望作为其基础和背景"。[2]

---

[1] Robert C. Solomon, "Emotions, Thoughts, and Feelings: Emotions as Engagements with the World," in Robert C. Solomon, ed., *Thinking about Feeling: Philosophers on Emotions*, New York: Oxford University Press, 2004, pp. 76–77.

[2] Robert C. Solomon, "Emotions, Thoughts, and Feelings: Emotions as Engagements with the World," p. 77.

所罗门对判断的这种理解，一方面强调判断不仅包括通过语言对命题有意识地做出确认，也包括以前语言或非语言的方式来接受世界向我们所呈现出的样子，这样就能包容动物和婴儿的情形；另一方面，通过把欲望纳入判断之中，使得判断具有了驱使行动的力量，比如，对危险的判断就包含了逃跑的欲望，由此回应判断缺乏驱动力的问题。

纳斯鲍姆则通过对斯多亚派的判断概念进行改良来解释情感的感受性特征。斯多亚派认为判断就是对事物呈现给我们的表象（appearance）表示赞同，这里的表象通常都是以命题的形式加以表达的。纳斯鲍姆进一步对这种命题的性质做出了澄清。她认为用来定义情感的"判断"所关乎的命题"既是评价性的，又是与幸福相关的（eudaimonistic），也就是说关系到一个人最重要的目标和目的"。[1] 以面对亲人去世的处境为例，如果认为我们的悲痛只是在接受"某某人去世了"这样一个命题，显然是站不住脚的，因为并非所有接受这个命题的人都会感受到悲伤痛苦，对这个命题的接受至多只是产生悲痛的一个原因，却无法等同于这种情感本身。但是按照纳斯鲍姆的理解，将评价性和幸福相关的维度加入到这个命题中来，那么我们所面对的命题内容就是"一个我深爱的、对我的生活来说核心重要的人永远地离开了我"，她认为对这个命题做出接受的判断本身就

[1] Martha Nussbaum, "Emotions as Judgments of Value and Importance," in Robert Solomon, ed., *Thinking about Feeling: Philosophers on Emotions*, New York: Oxford University Press, 2004, p. 193.

可以是一种“动荡起伏的剧变（upheaval）”。[1] 在这种新斯多亚派的思路之下，纳斯鲍姆强调情感所等同的那种判断是“活跃的，而非静态的，理性在这里会运动、拥护和拒斥；它或迅速或缓慢，或坚定或犹豫地运动着”。[2] 她通过对判断的这种动态式的理解，使得判断论能够解释作为判断的情感如何在身体上有所表现。

纳斯鲍姆也沿着这个思路来回应情感在理性面前的顽固性。她承认“人们似乎有时候改变了为情感奠基的那些信念的态度，但是仍旧持续拥有那种情感”。她举例说道，一个人在童年的时候被一只狗所惊吓，后来她也知道狗对她的安全并不构成威胁，但是她还是忍不住害怕狗。纳斯鲍姆认为这并不构成挑战判断论的反例，因为“我们通常会持有相冲突的信念”，一方面当我们被问及是否赞同“狗是危险的”这个命题的时候，我们相信狗并不是危险的，而另一方面，当与狗打交道的时候，我们又相信狗是危险的。由于对一个处境我们有可能形成相冲突的判断，这也就为解释情感在理性面前的顽抗留出了空间。[3]

这种通过扩展判断概念的方式来使判断论对反例做出兼容

---

[1] Martha Nussbaum, “Emotions as Judgments of Value and Importance,” pp. 192 - 193.

[2] Martha Nussbaum, “Emotions as Judgments of Value and Importance,” p. 194.

[3] 参见 Martha Nussbaum, *Upheavals of Thought: The Intelligence of Emotions*, Cambridge: Cambridge University Press, 2001, p. 35。

解释的做法被一些学者称之为“弹性策略（elastic strategy）”。这种策略看似能够回应对判断论的经典反驳，但是也仍旧存在严重的问题。首先，这种针对反例来对判断概念做出特定的修补会导致判断论变得无法证伪。我们知道，要证伪判断论的核心观点“情感是某种特定类型的判断”，可以采取两种方式：要么找到某种情感，但它并不属于这种类型的判断，要么找到一个属于这种类型的判断，但却并非是情感。而这两种方式要成立，我们首先需要有一种独立于情感理论的判断理论。但是，我们在对情感的判断论解释中，却几乎找不到这种独立的判断理论。虽然纳斯鲍姆采用斯多亚派的观点，将判断宽泛地定义为对表象的赞同，但是她最终还是通过她认为情感所具有的特征来解释究竟什么是对表象的赞同。由于情感并不必然预设语言的能力，而且情感具有感受性、驱动性和在理性面前的顽固性，那么对表象的赞同也就具有这些特征。所以，驱使纳斯鲍姆对情感所等同的判断做出这样的解释的动力来自于人们通常认为情感所具有的特征，而且情感判断所具有的特征显然也并不适用于其他类型的判断。这样一来，判断论在定义情感时所使用的判断概念究竟涵盖了哪些特征就会随着反例的提出而不断扩展，最终使得这个概念具有无限可塑性。所以，正如安德烈·斯卡兰提诺（Andrea Scarantino）所批评的那样“如果情感所是的那种判断是根据一种预先存在的情感理论来描述的，而且是在回应反例的过程中逐步发展而来的，那么情感是判断这个论题就变得无法反驳了”。[1]

判断论者要摆脱这种困境，就必须指出判断概念是有边界的，它的可塑性并非是无原则、无限度的。这个边界可能在于：即便动物和婴儿可以形成判断，判断也可以是不以语言表达的、非慎思性的、无意识的，但是判断主体也需要具有起码的意识能力，在这个意义上草木、石头和一些单细胞的动物就都不可能产生判断。划定这个边界，理论上确实可以将判断论从不可证伪性中挽救出来，例如，如果发现植物也具有情感，那么就可以证伪判断论的论题。但是仅仅是把无意识或无生命的生物从判断主体中排除出去，还是无法区分情感背后具有重要区别的不同类型的认知状态，而且把这些认知状态都笼统归于一个内涵极富弹性的“判断”概念之中，对我们理解情感究竟是什么也很难有任何实质性的贡献。因此，斯卡兰提诺指出，这个意义上的判断论论题即便为真，也只是“在琐屑的意义上为真”。[2]

鉴于弹性策略存在的这些严重问题，判断论者们也提出了一些新的补救策略。有一类策略是将判断论的立场弱化，在判断之外添加进去一些其他的维度来解释情感，而不是像弹性策略那样将这些维度都融入判断概念之中。例如，有些学者认为，

[1] Andrea Scarantino, “Insights and Blindspots of the Cognitivist Theory of Emotions,” *British Journal for the Philosophy of Science*, Vol. 61, No. 4 (2010), p. 746.

[2] Andrea Scarantino, “Insights and Blindspots of the Cognitivist Theory of Emotions,” p. 747.

情感不仅仅是判断，而是判断与欲望的结合，并由此来解释情感的驱动性。[1] 也有学者除了欲望之外，还加入了感受性的要素，旨在同时解释情感的驱动性和具身性。[2] 本节将不再详细考察这些策略的内涵及其问题，而是试图通过分析经典的判断论解释所遭遇的问题揭示出，单纯把情感解释为对处境所做出的评价性判断存在着重要的缺陷，情感所具有的感受性维度，以及与感受性维度密切相关的驱动性维度对情感来说是根本性的特征。下一节我们就将转而探讨和判断论相对的感受论模型。

6.3 理解情感的感受论模型

和判断论相对照，强调情感的具身性的进路则认为情感本质上是感受（feelings），而且这些感受是来自于发生在身体内部的特定变化。例如，当我们受到惊吓的时候，我们会浑身战栗，冷汗直冒，心跳加快，肌肉紧张，呼吸急促。这些发生在我们身体中的变化使我们准备好应对环境中的威胁。肌肉收紧、血液涌向四肢使我们准备好逃跑；眼睛大张以接收更多光线；呼吸受限使得气息更安静更不容易被觉察；大脑释放多巴胺类物质，精神高度集中，以供迅速判断形势。除了恐惧之外，其他

[1] 参见 Joel Marks，“A Theory of Emotion，” *Philosophical Studies*，Vol. 42，No. 2（1982），pp. 227－242。

[2] 参见 William Lyons，*Emotion*，Cambridge：Cambridge University Press，1980。

情感也有着特定的身体变化的模式。当我们悲伤的时候，会无精打采、脸色阴沉；当我们高兴的时候，会肌肉松弛，神采奕奕；当我们愤怒的时候，会双拳紧握，咬牙切齿。这些身体变化的模式都有不同的感受，而感受论者认为情感就是由这些感受所构成的。对这个观点最典型的表达可以追溯到威廉·詹姆士（William James）和卡尔·乔治·兰格（Carl George Lange）。詹姆士在他的文章《什么是情感》中就提出，当我们感知到环境中的某个对象后，会发生生理上的变化和动荡，对这种变化和动荡的感知（perceptions）就是情感。用他的话来说就是，"对令人兴奋的事实的感知会直接产生身体上的变化，我们对这些变化发生时的感受就是情感"。[1] 按照这种解释，情感体验是由我们所感知到的环境中的事件所激发的，这种感知引出了生理上的变化，然后为主体所体验到，确切地说，正是对身体变化的这种意识构成了情感。兰格也在 1885 年提出了与之非常相似的观点，因此这个看法通常被称之为詹姆士-兰格理论。

感受论者也承认我们对身体变化的感受和对处境的判断通常是相关的，但同时认为这种关联并非是必然的，也就是说，身体的变化可以直接引发情感，而无需通过评价性判断作为中介。这一观点也得到了一些经验支持，比如恐惧可以在我们并没有意识

---

[1] Williams James, "What is an Emotion?" *Mind* Vol. 9 (1884), p. 189.

到危险的时候产生，“盲恐现象（blindfright）”就是一个很好的例证。正如在盲视现象（blindsight）中，因为大脑损伤而失去视力的人可以在没有意识到看见刺激物的情况下，就能够对出现在他们视野范围内的刺激物的颜色和形状留下印象（他们对刺激物所做的描述要远远高于随机猜测），[1] 恐惧也可以在我们并没有意识到看见了刺激物的情况下产生。神经科学的许多研究借助于反向刺激掩蔽法（backward masking）揭示了这种现象。在运用这种方法的时候，与恐惧相关的目标刺激物以小于 30 毫秒的极短时间呈现，然后立即用一个持续时间较长的掩蔽物来覆盖它，被试并没有意识到自己看到了目标刺激物（他们无法回答自己究竟看到了什么，如果一定要给出答案，其正确率和随机猜测一样），但是即便如此，被试却可以对刺激物与恐惧相关的属性留下印象，并产生害怕的生理反应，这些反应包括增强的皮肤电反应（Skin Conductance Responses，SCRs）、惊跳反射（startle reflex）和杏仁核的偏侧激活（differential amygdala activation）。[2] 不过和盲视

[1] 参见 Benedict Carey，“Blind，Yet Seeing：The Brain's Subconscious Visual Sense，” *The New York Times*，December 22，2008。

[2] 参见 Francisco Esteves，Christina Parra，Ulf Dimberg，and Arne Öhman，“Nonconscious Associative Learning：Pavlovian Conditioning of Skin Conductance Responses to Masked Fear-relevant facial stimuli，” *Psychophysiology* Vol. 31（1994），pp. 375 - 385；Andrea Scarantino，“Insights and Blindspots of the Cognitivist Theory of Emotions，” *British Journal for the Philosophy of Science*，Vol. 61，No. 4（2010），pp. 729 - 768；王翠艳，刘昌：《杏仁核情绪功能偏侧化的成像研究评述》，《心理科学进展》2007 年第 2 期。

现象不同，盲恐现象既发生在大脑受损的病人身上，也发生在正常人身上，这说明这个现象并不是由于视觉系统失调而产生。这些实验研究有力地表明恐惧系统可以通过由视觉获得信息在没有被主体觉察到的情况下就被激活。恐惧不仅可以在没有做出判断的条件下就产生，也可以在我们把处境判断为非常安全的情况下产生，例如在家中阅读惊悚小说的时候，虽然知道自己并没有危险，但仍旧感到恐惧。

詹姆士-兰格理论认为身体变化对情感来说不仅可以是充分的，而且也是必要的。他们二人都引导我们设想一个思想实验：假如把一种情感状态所有的身体特征都剥除掉，那么这种情感状态还有什么剩余物呢？詹姆士说：

> 如果我们想象某种强烈的情感，然后试图从我们对这种情感的意识中抽离掉对所有典型的身体表征的感受，那么我们发现我们一无所获，根本没有剩下什么“心灵物质”可以构成情感了，唯一遗留下的只是一种冷酷而中立的理智感知状态……如果这些感受，如加快的心跳、急促的呼吸、颤抖的嘴唇、发软的四肢、浑身的鸡皮疙瘩、五脏六腑的翻腾都没有的话，无法设想恐惧的情感还会剩下些什么。我们能想象一个人处于盛怒之中，胸中却没有熊熊怒火，脸颊也不泛红，鼻孔也不扩大，牙关也不紧咬，也没有做出激进行为的冲动，而是四肢肌肉稳定，呼吸平稳，脸色平和么？……没有了对这些表现的感知，盛怒也就随

之完全消失了。[1]

兰格也不约而同地写道，“如果从一个受到惊吓的人身上去除那些相伴随的身体症状，让他的脉搏平静下来，目光变得坚定起来，脸色变得自然起来，行动变得敏捷而有把握，言语变得坚强有力，思维变得清晰——那么他的恐惧还剩下些什么呢?”[2] 詹姆士和兰格所做的思想实验也得到了经验研究的支持。神经科学家发现，当人处于情感状态时，大脑中那些记录并调节身体变化的区域也是高度活跃的。

詹姆士-兰格理论虽然能够很好地解释情感的具身性，但是却面临来自于情感的差异性和意向性的挑战。首先，这个理论不能充分解释情感之间的差异性。这个批评最初是由瓦尔特·坎农（Walter Cannon）在 1929 年提出的，按照对詹姆士-兰格理论的通常理解，将不同的情感区分开来的是对一系列独特的身体变化的感知。对此，坎农举出了反例：恐惧和愤怒是两种不同的情感，但是，同样的身体变化——诸如心跳加快、血糖升高、肠胃停止消化活动、出汗、分泌肾上腺素、瞳孔放大等等——在这两种不同的情感状态中都会出现，甚至在发烧和窒息这些非情感状态下也会发生。因此他说：“内脏的反应似乎太

---

[1] Williams James, “What is an Emotion?” *Mind*, Vol. 9 (1884), pp. 193 - 194.

[2] Carl George Lange, “The emotions,” in C. G. Lange & W. James, eds., I. A. Haupt, trans., *A series of reprints and translations. The emotions*, Baltimore: Williams and Wilkins Company, 1885/1922, p. 675.

过一致以至于无法提供一种令人满意的途径来区分不同的情感，而这些情感在主观性质上是非常不同的”。[1]

由情感的差异性也引申出另一个相关的批评，即某些情感似乎缺乏身体变化的感受。当我们说“我喜欢拉丁舞”，或者“我很高兴这个学期的工作进展得很顺利”，或者“我对目前的环境问题感到担忧”的时候，我们很有可能并没有体验到与喜爱、高兴或忧虑典型相关的身体变化。正如上一节中一些判断论者所指出的那样，对于一些长期存在的情感，感受论很难从对身体变化的知觉的角度做出解释。

另一个重要的批评在于身体感受似乎缺乏意向性内容，无法告诉我们在客观世界中的对象和事件的价值。换句话说，身体变化并不是关于外部世界及其对象的，对身体变化的意识只能告诉我们自己身体内部正在发生着什么，例如，反胃可以告诉我消化系统出了问题，但并不能表征或告诉我任何身体之外的事情。进而，感受论在解释意向性上的困难又引发了它在情感的可辩护性、恰当性上的困难。

正如在情感现象的复杂性中我们提到的，情感的意向性特征意味着它所指向的对象往往是对我们的生活具有重要性的那些事物，我们对这些事物的情感反应是可以用理由来加以辩护，用恰当性来加以衡量的。但是，对身体变化的感受是很难做出

---

[1] Walter Cannon, *Bodily Changes in Pain, Hunger, Fear and Rage: An Account of Recent Researches into the Function of Emotional Excitement*, New York: Appleton & Company, 1929, p. 352.

恰当与否的评价的。安东尼·肯尼（Anthony Kenny）指出："如果情感是内部的印象或行为模式，那么对每种情感可以是指向哪种对象的就没有逻辑上的限制。这样一来，人们不会为受到帮助而愤怒，不会为已经了解的事情而害怕……这些就不过是单纯的事实而已；人们不会在受到赞美的时候心头一沉，在接到好消息的时候哭泣，就和人们不会为受到伤害而感激，或者为缺陷而自豪一样，也都是没什么道理可讲的。而事实上，每种情感都仅仅是对某种有限的对象来说是恰当的——是逻辑上而非只是道德上来说是的恰当。人们不可能对任何东西都感到害怕，也不可能为任何东西都感到高兴。"[1]

肯尼借用了来自于中世纪经院哲学家的一个区分，将这些有限制的对象称为情感的形式对象（formal objects），与之相对的是质料对象（material objects）。"任何可以对其做出 φ 行为的事物都是 φ 行为的质料对象"，而"形式对象则是对对象的一种描述——如果对某个事物做出 φ 行为是可能的，那么这个描述**必定**适用于该事物"。[2] 简单的说，质料对象是各种各样的具体对象，如恐惧的质料对象可以是任何具体的对象（如一条蛇）或事件（如行走在黑暗的小巷里）或事态（日益紧张的国际局势），但是恐惧的形式对象则是对质料对象的共性做出的一般性描述，为了使得愤怒得以恰当地例示出来，这种描述必须适用

---

[1] Anthony Kenny, *Action*, *Emotion*, *and Will*, London: Routledge. 1963/2003, p. 134.

[2] Anthony Kenny, *Action*, *Emotion*, *and Will*, p. 132.

于具体的质料对象，如恐惧的形式对象我们就可以设想为是危险的事物。如果一个人对毫无危险的处境感到恐惧，那这种情感就是无法理解的，也是不恰当的。如果某人惹我发怒，我可以通过描述他对我言语和肢体上的冒犯来解释、辩护我的反应，这也使得我的愤怒是可以理解的。但如果情感仅仅是内在感受，那么很难解释为什么情感可以根据理由来加以辩护，正如我们很难为品尝美食的味觉体验做出辩护一样。

为了回应这些批评，感受论的当代支持者们大多采用了某种形式的知觉模型（perceptual model）。一种是以普林茨为代表的强的知觉理论，他认为对身体变化的感受就是一种形式的知觉经验，而知觉经验典型的来说是对外部世界中的事物的表征，因此，对身体变化的感受也可以表征外部事物，以及这些事物之于我们的价值。另一种是以罗伯特·罗伯茨（Robert Roberts）为代表的弱的知觉理论，弱的知觉理论把情感看作是在某些方面近似于感觉知觉。例如，罗伯茨认为情感是一种“基于关切的识解（concern-based construals）”，[1] 这些识解非常类似于知觉经验，它们是“印象（impressions），是事物向主体呈现的方式，它们是经验，而不仅仅是判断，或思想，或信念”，[2] 识解是以主体的关切为基础的，而这些关切又是与主体的欲望

---

[1] Robert Roberts, *Emotions*: *An Essay in Aid of Moral Psychology*, New York: Cambridge University Press, 2003, p. 79.

[2] Robert Roberts, *Emotions*: *An Essay in Aid of Moral Psychology*, p. 75.

密切相关的。鉴于普林茨的知觉理论与后文将要讨论的演化进路之间的相关性，接下来我们将着重关注普林茨对感受论所遭受的批评的回应。

首先从相对容易处理的批评开始，即某些长时段的情感似乎缺乏对身体变化的感受。针对这一批评，普林茨的策略是将这种情感处理为感受到相关身体变化的倾向（dispositions），用他自己的话来说，就是“长期的情感值得被称为情感，仅仅是因为它们使我们倾向于进入一些模式化的身体反应。当它们没有被感觉到的时候，我们不会说这些情感消失了，因为倾向一直是存在的”。[1] 这意味着当一个人说他深爱自己的伴侣时，只是说他的伴侣倾向于让他有温暖、甜蜜、舒服的感受，这种持久的状态并不必然涉及到身体上持续的激荡，但这个事实并不蕴含着这种爱就不是一种身体状态。换言之，“我们持久的激情总有平静的阶段，这并没有抵消它们的身体本质”。[2]

再来看普林茨对情感差异性问题的回应。他认为我们可以把对身体状态的知觉看作是情感的载体，我们既可以通过不同的载体来区分情感，也可以通过不同的触发条件来区分情感。尤其是当载体非常相似的时候，就更需要通过触发条件来进行

[1] Jesse Prinz, “Embodied Emotions,” in Robert Solomon, ed., *Thinking about Feeling: Philosophers on Emotions*, New York: Oxford University Press, 2004, p. 50.

[2] Jesse Prinz, “Embodied Emotions,” p. 50.

区分。快乐之所以是快乐，是因为它是由工作的顺利进行而引发的，忧虑之所以是忧虑，是因为它是由你的注意力集中在动荡紧张的国际局势上而触发的。他以两种相似的情感——愤怒（anger）和义愤（indignation）——为例表明，虽然从身体变化的角度来说，这两种情感的感受是极其相似的，但是义愤是由不公正引发的，而愤怒在很多情况下却并非如此。[1] 不过，普林茨同时也认为我们不应当把这些触发条件当作是情感本身的一部分，识别情感、区分情感要求我们关注处境，但是情感本身在根本上并非是由引发它的事物所构成的。

进一步，普林茨也通过将身体变化的知觉同处境相关联来解释情感的意向性特征。上文已经提到，普林茨把对身体变化的知觉看作是情感的载体，但显然并非任何这样的载体都有资格被称为是情感，正如坎农指出的，对饥饿、疲惫的知觉显然无法被称为情感。那么那些有资格被称为情感的载体具有什么特征呢？普林茨是诉诸这些载体的功能性角色来回答这个问题的。被体验为情感的那类身体变化的知觉，典型的来说是在某些种类的处境中产生的。他借用理查德·拉扎鲁斯（Richard S. Lazarus）的“核心关系主题（core relational themes）”这个概念来解释在这些处境中主体与环境之间的关系。核心关系主题指的是有机体和环境之间形成的、关涉到有机体福祉（well-being）的关系，这些主题包括危险、损失、威胁、成就、对道

[1] Jesse Prinz,“Embodied Emotions,” p. 54.

德规则的僭越等。[1] 在每种主题之下的情形中，都会有某个对象或事件与有机体发生着某种关涉到有机体福祉的关联。当有机体进入核心关系主题之下的某种关系时，就会产生一些身体的变化，而情感就是对这类身体变化的知觉。例如，在遭遇袭击的时候，有机体产生心跳加快和其他生理变化的内在感受，这种感受具有一种独特的功能，即标示出有机体与环境之间的危险关系，而这种危险对有机体的福祉造成了威胁，对这种身体状态的知觉就是恐惧。与此相对，对饥饿和疲劳的感受虽然也与有机体的福祉相关，但是它们却并非是有机体和环境之间的关系，而只是有机体自身的状态。[2]

按照这种理解，在核心关系主题之下，对身体变化的知觉就并非是限于身体内部的感受，而是指向外部世界的，是对处境的一种评价（appraisal）。这里关键的一点是，这种评价并非是信念或判断，而是具身性的，它指示出了外部世界中与我们的福祉相关的事实，给我们提供了关于世界的信息，例如我们是否处于危险之中，只是这些评价是通过身体而不是语言来表达的。既然可以把对身体变化的知觉理解为对处境的具身性评价，那么这就为情感的恰当性维度留出了空间，在这一点上，肯尼认为感受论无法说明情感的形式对象，但普林茨的一个策略就是根据拉扎鲁斯所说的核心关系主题来描述形式对象。虽

[1] Richard Lazarus, *Emotion and Adaptation*, New York: Oxford University Press, 1991, p. 122.

[2] Jesse Prinz, "Embodied Emotions," pp. 52 - 53.

然我们原则上可以对任何事物感到悲伤、愤怒、害怕或羞愧，但是只有当这些情感的质料对象构成了一种损失、冒犯、危险、对规则的僭越的时候，这些情感才是逻辑上恰当的。也就是说，主体感知到身体变化，并通过身体变化对形式对象的表征来间接地感知到形式对象。

通过以普林茨对感受论的辩护为例，我们可以看到，当代的感受论者通过将感受理解为一种知觉经验来揭示为什么对身体变化的感受可以是具有意向性的，也能表征外部世界中的对象。相比之下，单纯的判断论由于很难解释情感的具身性，除了极少数哲学家（如纳斯鲍姆和所罗门）坚持这种立场之外，正日渐式微，即便是强调情感的理性维度和认知性特征的哲学家们也不再把情感纯粹看作是一种判断，而是寻求其他认知状态作为替代物或者在判断中添加进去感受性的要素，从而走向一种认知-感受混合论的模型。

作为传统感受论的改进版本，知觉论模型正日益受到青睐，克里斯汀·塔波莱（Christine Tappolet）总结了为什么如此多的学者都采用了知觉论的进路。由于知觉论既涉及到对身体变化的感受，也涉及到这种感受对外部世界的表征，因此，虽然知觉理论强调情感的感觉经验层面的重要性，却并没有陷入詹姆士-兰格理论在解释意向性和恰当性上的困难。虽然它也能通过评价性的知觉来解释情感的认知要素和可辩护性，但是由于这种知觉是非概念性的，即并不需要具有在概念上明确加以表达的命题性的内容，就也有可能规避判断论面临的挑战。[1]

当然，这里我们只是概要式地梳理了理解情感本质的两种经典的理论模型及其面临的困难，以及发展的趋势，究竟哪种具体的理论最好地解释了情感显然需要更多细节性的考量，这是在本书的篇幅中无法展开讨论的。但是就本书的论证目的而言，我们至少可以从这种梳理中看到：一种好的情感理论必须要充分考虑到情感这种心理现象的复杂性，要能够同时解释情感的理性维度和具身性的维度，即能够解释情感是如何关乎对于我们来说重要的事物，如何通过理由加以辩护，同时也能够解释为什么情感在身体上带给我们如此这般的感受。而无论情感究竟是什么，它们都并不是没有认知内容和恰当性可言的盲目的冲动，甚至也不仅仅是海特和格林在他们各自的模型中所界定的快速的、不需付出认知努力的、不受意识控制的直觉进程。

6.4 对情感的演化解释

当我们看到重视情感具身性特征的感受论以及基于感受论的知觉论模型在情感理论中日益兴起的时候，我们会注意到这种模型往往与一种情感先天论的观点联系在一起，这种观点也为我们在上一章中所讨论的解释道德判断的两种模型所预设。

[1] 参见 Christine Tappolet, *Emotions*, *Values*, *and Agency*, Oxford: Oxford University Press, 2016, pp. 15 - 24。

如果情感是判断，那么很容易看到教化对情感的影响，文化背景、教育程度都会影响我们的信念和判断。而如果情感是对身体变化的知觉，那么教化似乎就没有明显的发挥作用的余地了。教化如何能改变我们的身体反应呢？尤其是身体的变化还可以在没有判断的条件下产生，如果再考虑这些身体反应的功能性角色似乎就更强化了情感先天论的合理性。与情感相关的生理变化显然是为了有助于我们的生存而演化的。例如恐惧，心跳加快，肌肉紧张都使我们准备好去逃跑。这些显然是演化的反应而不是习得的行为。那么，如果我们承认演化对塑造我们的情感发挥了重要作用，这是不是就意味着情感就完全是演化的产物呢？本节将围绕这个问题，探讨强调情感的具身性是不是必然预设了对情感的演化解释。

感受论模型的重要支持者詹姆士对这个问题就持有肯定的看法。他深受达尔文的影响，并赞成达尔文的结论，认为情感深深地植根于我们的生物演化历史。达尔文在他的经典著作《人与动物的情感表达》中探讨了情感与演化的关系，也为当代研究情感的演化进路奠定了基础。在这本书中，达尔文试图通过探究情感的起源，把他的自然选择理论从解释生理结构的演化扩展到心智和行为的领域。他的论证在根本上基于他观察到的一个事实：世界上不同地区不同文化的族群在对某些情感的表达上是非常相似的，这其中甚至包括了一些与世隔绝的原始部落，他们几乎没有机会向其他族群学习或者向外传递情感表达的方式。达尔文由此猜想人类情感必然有着很强的遗传因素。

同样重要的是，他也观察到不仅是在不同的人类族群之间，甚至是自然界中的不同物种，尤其是在基因谱系上非常接近的物种，在某些情感的表达上也是非常相似的，也就是说，情感也具有跨物种的连续性。[1]

在达尔文的启发下，当代的心理学家尝试从不同角度的经验研究来进一步建立起对情感的适应论解释，也就是把情感理解为人类在面对环境压力的过程中形成的，有助于提升繁衍成就的适应性产物。这种演化的解释和我们前面讨论的哲学概念上的解释有一个显著的差别，即演化解释是根据适应性功能来定义情感的，这些功能使得个体有效地对环境中的挑战和机遇做出反应。在这种视角下，愤怒就不仅仅是一些特定的面部表情和神经激活模式的集合，而是为了维护恰当的人际关系所做出的一系列协调反应，羞愧也不仅仅是脸红和躲避关注的欲望，而是一种承认错误并修补受损关系的反应。情感具有适应性特征的标志就在于，它们是有助于有机体繁衍、保护后代、维护合作关系并避免身体伤害的有效、协调的反应。[2] 为了证明情感具有这种适应性功能，情感的演化论者的一个重要工作是

---

[1] 参见 Charles Darwin, *The Expression of the Emotions in Man and Animals*, Francis Darwin, ed., New York: Cambridge University Press, 1890/2009。

[2] 参见 Dacher Keltner, Jonathan Haidt, and Michelle N. Shiota, "Social Functionalism and Evolution of Emotions," in Mark Schaller, Jeffry A. Simpson, and Douglas T. Kenrick, eds., *Evolution and Social Psychology*, New York: Psychology Press, 2006, p. 117。

延续达尔文的思路，探究情感表达跨文化的普遍性，并在此基础上建立起基本情感理论（Basic Emotion Theory，BET），探究情感在解决人类生活所面临的反复出现的演化难题上的功能。接下来我们将考察这个方向上的论证是否是充分的。

基本情感理论建立的重要基础是关于人类情感表达的研究。对情感现象的一种直觉的观察是：许多描述情感的词汇在主题上是密切关联的，比如恐惧、害怕、焦虑虽然有所区别，但是都共有一种单一的核心体验，而且这种核心体验也与一些特定的面部表情相关。这就使得许多心理学家提出一个设想：应该存在着一些独立的“基本”情感，它们是独特而短暂的状态，涉及到生理的、主观的，和表达的要素。这些单一的、基础性的情感要素通过彼此之间的结合以及环境、教化对不同情感的区分作用发展出复杂而完整的情感谱系，使得人们以典型地来说具有适应性的方式来回应在演化上重要的问题，如维护人际关系、躲避灾祸、照顾易受伤害的子女等等。虽然就具体有哪些基本情感，学者们并没有一致意见，但他们通常认为基本情感包括了快乐、惊讶、恐惧、难过、愤怒、恶心、蔑视、羞耻和愧疚，并试图通过情感在面部表达上的普遍性来证明这个设想。保罗·艾克曼（Paul Ekman）就是这条进路上的代表性人物。艾克曼以研究情感的面部表达而闻名，他的核心工作是通过实验来证明情感的面部表达具有跨文化的普遍性。

艾克曼沿袭了基本情感理论的思路，认为“情感是在处理**基本的生活任务（fundamental life tasks）**中因其适应性价值而演化出来的”。[1] 所谓基本的生活任务，他借用人类学家约翰·托比（John Tooby）和心理学家勒达·科斯米德斯（Leda Cosmides）的说法，指的就是在我们的演化历史中不计其数地“反复出现的具有适应性的处境”，比如“打斗、恋爱、躲避天敌，面临性关系上的不忠等等”。[2] 情感所具有的首要功能就在于调动身体资源迅速地处理这些重要的人生际遇。一旦一种基本的情感程序被激活，在我们没有做出选择或马上意识到的条件下，身体就会不由自主地迅速产生一连串的变化，这些变化包括：体现在脸上和声音里的情感信号，调节我们身体的自主神经系统的活动，做出一些预先设定的行为（preset actions）和习得的行为，自动检索与处境相关的记忆和期望，以及我们对发生在自身内部和世界之中的事情所做的阐释。[3] 这些身体上的变化都可以看作是对情感的表达，艾克曼认为，对每一种基本情感来说，都应该具有一套独特的但又是通用的信号（universal signals），所谓通用信号指的就是每种情感所特有的一套通用的表达方式，例如，当人们觉得恶心的时候，普遍会扭头避开恶心的来源，当人们生气的时候，普遍会脸色发红等等。

---

[1] Paul Ekman, “Basic Emotions,” in Tim Dalgleish and Mick J. Power, eds. , *Handbook of Cognition and Emotion*, Chichester: John Wiley & Sons, 1999, p. 46.

[2] John Tooby and Leda Cosmides, “The past explains the present: Emotional adaptations and the structure of ancestral environments,” *Ethology and Sociobiology* Vol. 11, No. 4 - 5 (1990), pp. 407 - 408.

[3] 参见 Paul Ekman and Daniel Cordaro, “What is Meant by Calling Emotion Basic,” *Emotion Review* Vol. 3, No. 4 (2011), p. 366。

艾克曼认为这些通用的身体信号在情感的演化中是核心重要的，它们以极其迅速的方式提醒同类注意到这个人正在遭遇什么，而接下来将有可能发生什么。[1]

基本情感理论也试图找出这些表达方式所具有的特征。一般来说，这个进路上的学者们都认同以下五个方面的特征：（1）它们是简短，连贯的行为模式，这些模式倾向于随着独特的主观经验而共变；（2）它们指示了个体目前的情感状态、意向和对触发处境的评价；（3）它们在表情的产生和识别上展现了一定程度的跨文化的相似性；（4）可以在其他哺乳动物处于与人类类似的处境下所做出的行为中，找到它们在演化上的前身；（5）它们倾向于随着相关的生理反应而共变。[2]

根据这些特征，艾克曼试图证明存在六种基本的情感程序，即快乐、悲伤、愤怒、恐惧、恶心和惊讶。而他的经验证据则来自于对面部表情的跨文化研究。他的实验的基本方法是向人们展示表现基本情感表达的图片，再让人们来识别图片中的人物究竟表达的是什么情感。他来到新几内亚的一个连文字都没有的偏远部落，为每一种基本情感设计了一个相应的故事，悲伤的故事讲述了孩子的死亡，快乐的故事里有老友重逢，恶心的故事里描述了一种难闻的气味，恐惧的故事里描述了突然遭

[1] 参见 Paul Ekman，“Basic Emotions，” p. 47。

[2] 参见 Dacher Keltner，Disa Sauter，Jessica Tracy，Alan Cowen，“Emotional Expression：Advances in Basic Emotion Theory，” *Journal of Nonverbal Behavior* Vol. 43（2019），p. 134。

遇到猛兽。艾克曼让翻译将故事讲述给当地人，然后给他们看三张面部表情的照片（这些照片采用的都是西方人的面部表情），再让他们指出哪张照片最好地表达了听到故事所产生的情感，得出的结果是：这些和外界鲜有接触的当地人挑选出来的图片和西方社会的被试所挑选出来的图片大多数时候都是一致的。这似乎恰好印证了达尔文和基本情感理论的猜想，即无论处于什么文化什么社会之中，某些面部表情是与某些特定的情感普遍关联的。

但是这个最初版本的实验还是存在一些缺陷。首先，虽然这些当地人在大多数情况下的情感识别都是准确的，但是他们却很难区分恐惧和惊讶的表情，他们往往为恐惧相关的故事选择惊讶的表情。这一点从演化的角度来看是尤其令人费解的，因为恐惧通常和处境中的危险相关，表达恐惧并识别出他人的恐惧对于我们的生存来说是至关重要的，因此，如果演化解释是成立的，那么他们识别出恐惧表情的准确率应该相当高才对。另一个问题在于，当地人是在被给定的三幅表情照片中挑选出一个，而不是更加开放的选择，这就使得他们可能只是从中选择了一个最不糟糕的选项，也就是说，虽然他们选出的图片有可能就和他们自己感受到的情感以及他们会表现出来的表情是完全一致的，但是也完全有可能出现这样的情况，即他们只是勉强选出了一个不那么离谱的表情。这个实验从方法上并不能检验这种一致性究竟有多强。

一些研究者针对这些问题试图对实验方法做出改进，例如帕米拉·纳布（Pamela Naab）和詹姆斯·拉塞尔（James Russell）将选项的数量进行了扩大，他们以美国大学生为被试，给他们展示新几内亚土著部落人的面部表情照片，然后让他们从十二种情感类别中为每一张照片挑选一个恰当的类别。在这种条件下，识别的准确率大幅下降，这表明当选项明显增多的情况下，人们很难识别出其他文化的人的面部表情究竟表达的是什么情感。[1] 还有一些研究则彻底放弃了限定选项的方法，而改为自由回答的策略，即向被试展示其他文化中的人的表情照片，然后让被试自己说出与之对应的情感种类。这类实验的结果具有很大的多样性，人们对同一个面部表情给出了多种多样的回答。在卡罗尔·伊扎德（Carroll Izard）的实验中，她发现同样的表情可能会被描述为痛苦、怜悯、孤独和担忧。此外，除了艾克曼最初研究中显示的跨文化表情识别中恐惧与惊讶的混淆，研究者也进一步发现，不同国家的人之间在识别一些特定的表情时，正常人在识别盲人的表情时，成人在识别婴儿的表情时也会经常犯错。[2]

随着这类研究的增多，证明面部表情普遍性论题的实验在方法上的更多缺陷也被揭示出来，尤其是“被试内设计

[1] 参见 Pamela Naab and James Russell, “Judgments of Emotion from Spontaneous Facial Expressions of New Guineans,” *Emotion* Vol. 7 (2007), pp. 736 - 744。

[2] 详见 Jesse Prinz, *Beyond Human Nature: How Culture and Experience Shape the Human Mind*, New York: W. W. Norton & Company, 2012, pp. 257 - 260。

（Within-Subject Design）”和对图片的预先筛选机制中存在的问题。被试内设计的方法指的是要求每一个被试在相对较短的时间内对一整套面部表情做出判断，与之相对的是“被试间设计（Between-Subjects Design）”，即每一个被试只对一种表情做出判断。被试内设计的问题在于它使得被试可以在不同的面部表情之间做出更多的直接比较，从而导致识别准确率的提升。这一点也得到了实验的验证，以轻蔑的表情（上嘴唇一侧上扬）和恶心的表情（皱起鼻子）为例，在采用被试间设计的实验中，每一个被试只看一种表情，当这两种表情活动分别呈现的时候，典型的来说都被判断为“恶心”，但是在采用被试内设计的实验中，两种表情都被呈现给同一个被试，这时被试会觉得有必要注意这两种表情之间的差别，并分别给它们贴上不同的标签，在这种情况下，轻蔑的表情更多地被判断为“轻蔑”而不是“恶心”。[1] 这个对比实验表明被试内设计的方法确实显著提高了人们跨文化识别表情的准确率，也削弱了用这些研究结果来证明在日常生活中，情感表达具有跨文化普遍性的说服力。

另一个问题在于这些实验中的表情图片经过了预先的筛选，而且大多数表情都是摆拍的。这种预先筛选和摆拍也影响了实验结果。这些图片往往经过了实验设计者，被拍摄者本人，以及一个二三十人规模的小组的测试，只有具有很高的识别率的

［1］ 参见 James Russell，“Is There Universal Recognition of Emotion from Facial Expression? A Review of the Cross-Cultural Studies，” *Psychological Bulletin* Vol. 115，No. 1（1994），p. 112。

图片才会被选用。而当给被试使用的图片并没有经过如此严格的筛选的时候，识别的准确率就大幅下降了。摆拍的问题则在于，这些刻意摆造的表情并没有表达摆拍者自己的情感，而只是他们假装出来的情感，并且以观察者最有可能理解的方式表达出来。较之于自发的表情，摆拍的表情往往是夸张而程式化的，不同的人为同一种情感摆拍的表情更具有相似性，而为不同的情感摆拍的表情也更容易区分。这些因素都为这类实验结果对日常生活中的自发情感的解释力打上了问号。

除了这些方法上的问题，从概念上说，也有人认为对面部表情的演化解释，即自然选择会青睐普遍的面部表情，在理论上也是存疑的。因为我们可以设想，当两人发生冲突的时候，如果一个人感到恐惧，而对方立刻就识别出他正处于什么情感状态很有可能并不符合他的演化利益，而特异化的面部表情反而有助于迷惑对方，促进他在冲突中存活下来的几率。进而，即便在情感表达的识别和产生上存在普遍性，演化解释之外的其他解释，如长期的社会学习对解释人类在面部表情上的特征也是必不可少的。

演化的力量可能导致我们产生类似的表情，但是这些基本情感的表达仍旧具有很大的文化差异性。这种差异性就体现在不同的教化、社会学习过程会引导人们以不同的方式夸大某些表情特征或者压抑另一些表情特征。例如，研究表明美国人倾向于用夸张的嘴部变化来表达喜悦，而东亚人则更倾向于用眼部变化来表达喜悦，如汉语里有“笑眯眯”这样的表述，并会有意控制嘴部的变化。这些具有文化差异的变化模式也会影响我们识别出喜悦之情的能力。因此，对面部表情的经验研究并不能可靠地证明情感表达具有跨文化的普遍性，也就无法被进一步用来支持情感是自然选择的产物。虽然情感之中存在具有普遍性的生物学上的构成要素，但是表情识别上的差异表明这些构成要素从生命一开始就不断受到文化环境的重新塑造。

在这一章中，通过呈现情感现象的复杂性，我们看到情感既具有理性的层面，即它是具有意向性的，指向那些对我们的生活具有重要性的事物，我们对这些事物的情感反应是可以用理由来加以辩护，用恰当性来加以衡量的；情感也具有感受性的层面，即它总是与某些特定的身体上的感受相关的，也具有驱使我们做出某些特定行为的力量。无论是理解情感的判断论模型还是感受论模型都需要充分考虑情感这种心理现象的复杂性，对它的理性维度和具身性维度做出解释。相比较而言，判断论模型既要坚持把情感理解为对处境做出的评价性判断，又要兼容情感的具身性和驱动性面临着更大的困难。而强调感受性的特征对于情感的根本重要性也并不意味着我们就必须把情感理解为是演化的产物。从这种考察中我们也可以看到在前面所讨论的海特和格林解释道德判断的模型中，他们都将情感界定为一种与推理进程相对的、快速的、不需付出认知努力的、不受意识控制的直觉进程，这种处理并没有充分考虑到情感本质的丰富性和复杂性。

7. 道德判断的情感主义解释

在厘清了情感的本质之后，我们再回到本书的核心问题，即人类究竟是如何做出道德判断的问题。我们在第四和第五章中所讨论的两种解释模型：社会直觉直觉主义模型和双重进程模型在本质上都认为情感在道德判断的形成过程中发挥了重要、甚至是主导性的作用。通过上一章的分析，我们看到这两种模型从演化的角度将情感理解为快速的直觉反应是过于简单的。本章将进一步针对这两种模型与演化理论的联姻进行探讨。正如第三章中已经指出的那样，这两种模型在本质上都属于对道德判断的情感主义解释。情感主义的进路在哲学史上由来已久，而且也一直十分关注先天的道德知识的问题。虽然其代表人物休谟对道德的先天性持有怀疑的态度，但是弗朗西斯·哈奇森（Francis Hutcheson）则相信先天的道德规则，他认为上帝赋予我们一种道德感，使得我们通过情感反应来识别善恶。在当代的认知科学中，道德先天论再度盛行，而且通常与道德判断的情感主义理论结合在一起，与传统情感主义解释的差别在于用自然选择取代了上帝。进化论伦理学家们提出道德是一种演化的官能，建立在先天的道德原则的基础之上，并且只要是发育正常的人类共同体的一员，就分享着这种道德能力。

由此可以看到，诉诸演化的情感主义解释与哲学传统中的情感主义解释在对道德先天论的认同上是一脉相承的。而本书接下来所要考察的问题是：如果我们承认情感对道德判断的形成起到了支配性作用，是否意味着我们需要坚持对道德做出先天论的解释呢？或者说，道德判断的情感主义解释是否必须以道德先天论为基础呢？为此我们将首先厘清情感主义这种哲学传统的不同层面，以便看到诉诸演化的情感主义解释与情感主义传统是如何关联起来，又是如何分享先天论的承诺的。然后我们将分别考察支持道德先天论的三种代表性论证，并指出这些论证中存在的问题。

7.1 情感主义的解释性层面

情感主义是一种有着多层面向的理论流派，在讨论它与道德先天论的理论关联之前，有必要首先梳理一下情感主义阵营内部由于关注的核心问题的侧重点不同而形成的不同理论立场。[1] 在这个基础之上我们才能清楚地理解情感主义究竟是

[1] 对情感主义传统的梳理，亦参见方德志：《西方道德情感哲学的发展进程——从近代到现当代的逻辑勾连》，《道德与文明》2018 年第 6 期；对情感主义内部问题的批判性反思，参见陈真：《何为情感理性》，《道德与文明》，2018 年第 2 期。

在哪个层面上与道德先天论相结合的，而且这种结合是否是必要的。为了理解情感主义的基本立场，我们不妨从一个真实的案例谈起。

2010 年 10 月的一天晚上，西安音乐学院学生药家鑫开车途中，正在给车里的音响换碟时，突然听见“嗵”的一声响，他感觉出事了便下车查看，结果发现车后有一位女子侧躺在地上，发出呻吟声，他也不知道女子受伤的程度，只是觉得特别害怕，害怕这个女子以后无休止地找他看病、索赔，于是两三秒后，药家鑫从随身带的包里取出一把单刃刀，向女子的胸、腹、背连捅数刀，将女子杀死。

看到这个新闻报道的时候，我们很有可能生发出两种反应：我们对药家鑫的冷漠和残酷产生出一种愤怒、鄙夷的情绪，同时我们认为他对受伤女子不仅不施救反而加以杀害的行为是残忍的恶行。大致说来，情感主义就认为这两种反应是密切关联在一起的，而且情感反应在其中居于主导地位。[1] 而具体来看，我们则可以从不同的角度来探究我们对待这起案例的态度。

首先我们可以从解释性的角度来追问：为什么我们认为药家鑫的行为是错误而残忍的？而解释性的情感主义就认为道德判断本质上来说是由情感来解释的，这实际上是一个经验性的

---

[1] 情感主义阵营内部不同的理论流派对“情感”的理解是有所不同的，作为一种一般性的说法，这里的情感（sentiments）包括了各种非认知性态度和状态，如情感（emotions），感受（feelings），欲望，计划，以及拥着这些情感、感受、欲望的倾向（dispositions）等等。

问题。值得注意的是，虽然许多当代哲学家把情感主义看作是一种关于道德判断或道德事实的元伦理学理论，但是传统的情感主义者更关注于解释性的层面，他们考虑的首要问题是一个经验层面的道德心理学问题。例如，休谟在《人性论》中就把关于人类道德的研究的起始问题界定为“我们是借助于观念（ideas）还是借助于印象（impressions），来区别美德和恶德，并声称一种行为是值得责备的还是值得赞美的呢”。[1] 亚当·斯密在《道德情操论》中也提到在处理道德原则的时候有两个问题需要加以考量，首先是美德这样的品格特征究竟意味着什么，而第二个问题就是对美德的推崇是从何而来的：“心灵之中的什么力量和官能向我们推荐了这种品质——无论这种品质是什么？或者换句话说，心灵喜欢某种行为的意向而不喜欢另一种；把某种行为的意向说成是正确的，而把另一种说成是错误的；把某种行为的意向看成是赞同、尊敬和奖励的对象，而把另一种看成是责备、非难和惩罚的对象，所有这些，是如何并依靠什么手段来实现的？”[2] 由此可见，对于传统的情感主义者来说，他们首先关注的是：究竟是人性之中的哪种特征——理性、情感还是直觉——解释了我们为什么会有赞同/反对或责

---

[1] David Hume, *A Treatise of Human Nature: A Critical Edition*, David Fate Norton and Mary J. Norton, eds., Oxford: Clarendon Press, 1739/2007, p. 456.

[2] Adam Smith, *The Theory of Moral Sentiments*, K. Haakonssen, ed., Cambridge: Cambridge University Press, 1759 - 1790/2002, pp. 313 - 314.

备/赞扬的态度。他们提出的情感主义立场正是带着这种经验关切来解释道德判断的来源问题。也正是这种经验关切，使得当代一些处于哲学和经验科学的交叉领域的研究继承并发展这一传统成为可能。

情感主义传统中对道德判断的来源问题的探讨可以追溯至十八世纪的英国。沙夫茨伯里（Shaftesbury）在他的《论美德或德性》中提出了“道德感（Moral Sense）”的概念。根据沙夫茨伯里的看法，道德评价的首要对象是“情感”或行为背后的动机。这些情感可以通过反思成为二阶情感的对象：“在一个有能力形成关于事物的一般概念的生物那里，不仅仅是呈现在感官面前的外在事物是其情感的对象；而且这个行为本身，以及同情、仁慈、感激连同与之相反的情感都通过反思被带入到心灵当中，成为对象。以至于，通过这种经过反思的感官，产生出另一种针对情感本身的情感，这种情感已经被人们所感觉到，而现在又成为了一种新的喜好或厌恶的主题。”[1]

道德上的赞同是通过这种二阶的喜好得以解释的，沙夫茨伯里通常将其称为“是非感（Sense of Right and Wrong）”，他形容“这是一种指向我们这个物种或社会的真正善良的情感”，是“对于不公正或错误的真实厌恶或反感，对平等和正当的真

[1] Third Earl of Shaftesbury (Anthony Ashley Cooper), “An Inquiry into Virtue and Merit,” in D. Den Uyl, ed., *Characteristics of Men, Manners, Opinions, Times*, Vol. 2, Indianapolis, IN: Liberty Fund, 1699–1714/2001, p. 16.

实喜好或热爱，而且这种喜好或热爱只是出于其自身的缘故，也只是因其自身自然的美和价值”。[1] 这种是非感所赞同的就是自然或指向公共利益的情感，它们是美好而和谐的动机，旨在促进整个物种和公共的善。自爱和自利的情感处于从属的地位，一方面，它们作为人性中非常普遍的自然情感也有其重要性，因为如果个体不能保全或捍卫自身的话，共同体也会遭受痛苦；但另一方面，也需要对其加以约束，谨防其“不知不觉地减少对公共善和社会利益的热爱”。[2] 进而，出于是非感而行动，或者真正体现美德的行动，并非仅仅只是做到慷慨、和蔼、仁慈而已，还要能够反思他自己以及他人的行为，从而“注意到究竟什么是真正有价值和诚实的”，并且使这种关于有价值和诚实的概念成为自己喜爱之情的对象，这才真正展现了他的是非感。[3]

而这种作为是非感的道德感，究其来源，在沙夫茨伯里看来，就如同一些自然情感一样是先天或自然的，“没有什么思辨的观点、劝说或信念能够立即或直接将这种是非感排除或毁灭掉”。[4] 这种是非感作为人类的第一天性，虽然偶尔会被“盛

[1] Third Earl of Shaftesbury (Anthony Ashley Cooper), “An Inquiry into Virtue and Merit,” p. 25.

[2] Third Earl of Shaftesbury (Anthony Ashley Cooper), “An Inquiry into Virtue and Merit,” p. 34.

[3] Third Earl of Shaftesbury (Anthony Ashley Cooper), “An Inquiry into Virtue and Merit,” p. 18.

[4] Third Earl of Shaftesbury (Anthony Ashley Cooper), “An Inquiry into Virtue and Merit,” p. 25.

怒、欲望或任何其他相对立的激情”所克服，但除非是通过“相反的习惯和习俗”，否则是无法被替换掉的。[1] 但是，沙夫茨伯里并没有详细阐述这种是非感究竟是如何起作用，又是如何指导行动的。

弗朗西斯·哈奇森（Frances Hutcheson）在某种程度上继承也充实了沙夫茨伯里的理论。他把道德感看作是赞同和反对的道德观念的来源。哈奇森承认道德感是一种“秘密的感官（secret sense）”，这意味着这种感官的存在并非是直接可知的，而是需要间接的证据。根据他的知觉理论，他认为存在独特的道德知觉，并且必然存在一种独特的道德感。这种独特的道德知觉就是赞同。当我们观察到一个人出于仁爱行动的时候，就会感知到一种“道德上的善”，而且这就“激起了赞同或者对道德卓越的知觉”。但是，另一方面，“关于自然的善的看法”也会激发出“占有善的对象的欲望”，[2] 这实际上指的就是对有利于自身的事物的欲望，哈奇森强调道德上的赞同不应该混同于对自我利益的考量：我们并非是因为某个行为服务于我们的自我利益而对它表示赞同。假设我们从两个人那里获得同样的好处，其中一个人是出于对我们的爱，为了促进我们的幸福而帮助我们，而另一个人则是从他的自身利益出发来帮助我们，

---

[1] Third Earl of Shaftesbury (Anthony Ashley Cooper), “An Inquiry into Virtue and Merit,” p. 35, 25.

[2] Frances Hutcheson, *An Inquiry Into the Original of Our Ideas of Beauty and Virtue in Two Treatises*, W. Leidhold, ed., Indianapolis, IN: Liberty Fund, 1725/2004, p. 90.

两者都同样对我们行善，但是我们会对他们产生不同的情感。这说明，我们除了对自我利益的考量，还具有对道德行动的其他知觉，在哈奇森看来，“接受这些知觉的能力就是道德感”，这种道德感是“心灵独立于我们的意愿做出的一种决定，决定接受某种来自于呈现在我们面前的对象的观念”。[1] 具体来说，“这就是当我们观察到一些行动的时候，我们的心灵做出的一种决定，它关乎将行动接受为是善意的还是令人讨厌的，而且这个决定先于任何关于行为对我们自身带来的益处或损失的考量”。[2]

进而，哈奇森认为道德感首要赞同的就是一种由理性反思产生的“对善的普遍且冷静的欲望（general calm Desire）”和“对恶的反感”，而并非是对直接呈现给某种感官的对象产生的特殊的激情（particular passions），比如在特定的场合中升起的野心、贪婪、饥饿、情欲、复仇、愤怒等。[3] 对善的普遍而冷静的欲望又分为对个人善和公共善的欲望。对个人善的普遍且冷静的欲望使得我们去追求任何有助于善的手段，以及具体而自私的激情。而公共的欲望则是针对特殊的个人或社会，甚

---

[1] Frances Hutcheson, *An Inquiry Into the Original of Our Ideas of Beauty and Virtue in Two Treatises*, p. 90.

[2] Frances Hutcheson, *An Inquiry Into the Original of Our Ideas of Beauty and Virtue in Two Treatises*, p. 100.

[3] Frances Hutcheson, *An Essay on the Nature and Conduct of Passions, With Illustrations on the Moral Sense*, A. Garrett, ed., Indianapolis, IN: Liberty Fund, 1728/2002, pp. 31 - 32.

或更为抽象和一般的共同体的善，又可以区分为基于反思而产生的对他人幸福的普遍且冷静的渴望，或者对他人痛苦的反感；以及爱与同情这样的具体的仁慈情感。在哈奇森看来，对他人幸福的普遍且冷静的欲望才是道德感真正所赞同的东西，而自然的爱与同情在有些情况下可能是与普遍且冷静的欲望相反的，因此是需要加以约束和引导的，“我们要实现对具体的激情的控制，原则上来说是通过不断地反思来强化普遍的欲望，并使这些欲望具有习惯性，从而获得超越具体的激情的力量”。[1]

至于这种具有普遍性的道德感的来源，哈奇森基于对儿童的情感反应的观察，认为道德感是人类在接受教育之前就先天具有的。不难观察到，当儿童们听故事的时候，他们总是对展现仁慈和人道的方面感兴趣，并且厌恶残忍、贪婪、自私或奸诈的事情。即使并没有费力教给每个孩子关于神圣、律法的观念，或更为复杂精细的普遍善的观念，但是他们还是被这些道德的表征所打动，表现出非常强烈的愉悦、悲伤、爱和义愤。[2] 早期的情感主义者在解释为什么我们具有道德感以及道德感为什么赞同诸如仁慈这样的事物时，最终都诉诸神意。而我们在前几章中所讨论的几种解释模型则诉诸演化，例如海特认为我们天生就倾向于用同情回应痛苦，用愤怒来回应欺骗，

[1] Frances Hutcheson, *An Essay on the Nature and Conduct of Passions, With Illustrations on the Moral Sense*, p. 32.

[2] 参见 Frances Hutcheson, *An Inquiry Into the Original of Our Ideas of Beauty and Virtue in Two Treatises*, pp. 146 - 147。

用恶心来回应不洁。也正是在这个解释性的层面上，当代道德心理学、认知科学的研究继承并发展了传统的情感主义解释。

7.2 情感主义的形而上学、知识论层面

但是，我们也必须注意到，情感主义作为一种哲学传统，发展至今并不仅仅关注于解释性的问题，而是拓展到形而上学和知识论的层面，接下来，我们将对这两个层面进行简要的讨论，以明确这些层面的问题与我们所着重关注的解释性问题的区别与关联。

还是回到药家鑫的案例，我们除了追问对药家鑫的行为的道德判断是如何做出的，也可以追问这个道德判断究竟是什么性质的判断。这个判断是在陈述关于事实的信念，还是在表达一种情感倾向？这在本质上是一个形而上学或元伦理学层面上的问题，而关于道德判断的情感主义认为道德判断是由情感或非认知性的反应构成的，道德术语的意义也必须根据相关的非认知性状态来解释。这种非认知主义的情感主义（Non-Cognitivist Sentimentalism）把道德判断看作是由情感构成的。简单来说，即认为 X 是错误的就是拥有对 X 的一种负面的情感，或者对 X 的负面情感拥有更高阶的积极态度。对这个论题最古老也是最有影响力的论证诉诸道德判断和动机之间的紧密关联。这个关联指的是如果一个人把做某件事情判断为是错误的，那么他就或多或少有不去做这件事情的动机。例如，如果你认为伤害无

辜者是错的，那么这一般来说就为你提供了不去伤害无辜者的动机，否则的话，你这个判断就只是嘴上说说而已，你并不真诚地认为这个行为在道德上是错的。道德判断的这个特征使得从十八世纪以来的情感主义者坚持认为道德判断必须以某种方式蕴含情感。休谟在《道德原则研究》中对这个看法做出了经典的表述："很可能，那宣判品格和行动是可亲或可恶、是值得称赞或令人谴责，那给它们打上光荣或耻辱、赞许或责难的印记，那使道德成为一条主动的原则、并将美德规定为我们的幸福、而将恶行规定为我们的苦难的最终的裁决：我说，很可能，这种最终的裁决依赖于大自然所普遍赋予整个人类的某种内在的感官或感受。因为除它之外，难道还有什么别的能够具有这种性质的影响力吗?"[1]

这种"内在的感官或感受"是具有内在驱动力的，作为非认知性的心理状态，具有由世界到心灵的适应方向，而信念的适应方向则是从心灵到世界的，它本身并不具有驱动性。要理解这一点有必要首先说明具有命题内容的心理状态通常被区分为两种类型，它们在指导行动上也发挥着不同的作用。一类心理状态是对事物事实如何的表征（representation）。信念就属于这类心理状态，信念告诉我们世界所是的样子，如果信念的内容和外部世界的样子并不相符，那么这个信念就是值得怀疑的。

---

[1] David Hume, *An Enquiry Concerning the Principles of Morals*, Tom L. Beauchamp, ed., Oxford: Oxford University Press, 1751/1998, p. 173.

如果你相信手机进水也不影响它的使用，而你的手机却在进水后无法开机，那么在排除了一切其他可能的原因之后，你就不再会相信进水对手机的性能没有影响了，这也就是我们的心灵去适应外部世界的一个过程，所以说，表征性的信念具有“从心灵到世界的适应方向（mind-to-world direction of fit）”。而另一类心理状态，虽然可能具有和信念一样的命题内容，但却并不是表征性的。例如，如果你希望进水并不影响手机的使用，那么虽然你也注意到自己的手机在进水后无法开机，但你的愿望却并不会因此就消失，相反，这个愿望会促使你采取行动让手机恢复正常，比如去手机店寻求修理：这是一个让世界去适应我们的心灵的过程，因此，非认知性的状态具有“从世界到心灵的适应方向（world-to-mind direction of fit）”。而道德判断又是具有驱动性的，鉴于只有非认知性的心理状态才具有内在的驱动性，因此这个层面的情感主义认为道德判断是由非认知性的心理状态构成的。

此外，我们还可以从知识论的角度追问，即便我们认为我们已经了解了这个事件的所有相关事实，我们又如何知道药家鑫做的就是错的？要是有人反对我们的判断怎么办？我们如何为自己的判断做出辩护？知识论的情感主义就认为道德辩护归根结底诉诸某种情感反应。当然，这并不意味着我们就应该顺应内心的冲动而抛开理性。休谟就强调当我们在日常生活中要对个人价值和行为举止做出任何颂扬或讽刺、赞许或责难的时候，“必须通过精致的推理”来证明这个人或行为是否拥有“一些对自己或他人有用的或令自己或他人愉快的心理品质”。[1]情感主义也并不拒斥我们可以在事实性的前提的帮助下，从基本的道德原则推导出一些派生性的原则或决断。只是说，基本的道德信念是无法或者无需依靠理性推断出来的。

在情感主义内部也有解释道德知识的不同模型。一种模型是知觉模型，认为通过道德感获得道德知识类似于通过其他感官获得的知识。正如我们通过视觉，只用看一眼就知道一朵花的颜色或形状一样，我们只要关注到药家鑫案件，就可以在无需任何推理的条件下，马上知道他的做法是对的还是错的。这种直接的道德知识从常识的角度上看，是很具吸引力的，在日常经验中，我们似乎确实不用花很长时间思考药家鑫见死不救反而杀人的做法究竟是不是错误的。而且这种行为所具有的错误属性也毫无疑问会在我们心中激发诸如惊讶、愤怒等情感反应。从经验研究的结果来看，情感反应通常也是先于并可能引发了道德判断。但是就情感反应究竟是不是一种知觉也存在争议。

在日常的知觉经验中，一个对象展现了某种可观察到的属性，例如黄颜色，这就导致我们拥有了对这个对象的相应的表征，在这个情形中也就是一个黄色的物品出现在我们面前的视觉经验。但是我们也需要注意到这种经验本身并不是一种信念，因为这两者是可以独立存在的：例如，当我们尝试经典的视错

---

[1] David Hume, *An Enquiry Concerning the Principles of Morals*, pp. 268 - 269.

觉——缪勒-莱耶错觉（Muller-Lyer Illusion）——的时候，在我们的知觉中，两端箭头朝外的线段明显要比两端箭头朝内的线段要长的多，即便我们经过测量后相信这两条线段是一样长的。不过，在日常生活中，拥有知觉经验在很多情况下会为相应的信念提供概念上的辩护。

那么，是否存在具有类似功能的情感性的道德知觉呢？这在根本上取决于如何看待情感的本质。如果按照休谟的观点，情感是"一种原始的存在，或者也可以说是存在的一个变异，并不包含有任何表象的性质，使它成为其他任何存在物或变异的一个复本"。[1] 那么情感经验并不具有表征对象的功能，也就无法像其他具有内容的知觉经验那样为信念做出辩护。不过大多数当代知识论的情感主义者都拒斥休谟的情感概念，认为情感是具有意向性的，是能够用恰当性和合理性等概念加以评价的，[2] 这就和我们在第六章中讨论过的情感的感受论、知觉论模型联系起来，通过这些模型来解释情感反应对信念的辩护问题。

不过，并非所有的知识论的情感主义者都采取知觉论模型。另一种立场是由约翰·阿尔曼（John Allman）和吉姆·伍德沃德（Jim Woodward）提出的，他们认为包含情感进程的道德直觉在经过某种恰当的默会学习（implicit learning）之后能够可靠

[1] David Hume, *A Treatise of Human Nature: A Critical Edition*, p. 415.

[2] 参见 Ronald de Sousa, *The Rationality of Emotion*, Cambridge, MA: MIT Press, 1987。

地追踪道德事实。他们采用了海特对道德直觉的理解，认为“道德直觉是道德判断在意识中的突然显现，包括在没有意识到经历了寻求、权衡证据或者推断出结论的过程就产生的情感效价（善-恶，喜欢-不喜欢）”。[1] 在把道德直觉理解为一种快速的情感反应的前提下，他们援引了关于专业技能的发展过程的经验研究。比如，一个儿科重症护理护士从新手到专家的过程是一个不断积累经验，学习患病婴儿的各种症状和重大疾病的细微征兆及诊断的过程。这个学习的过程包括反复接触到患儿在身体上和行为上的各种征候，基于这些征候形成判断（例如婴儿是否患病的判断），并获得关于诊断及疗效的反馈，在这个长时段的过程中，伴随着正确的经验和反馈，护士的判断得到不断改进，从一个新手逐渐发展为专家。但是，至少在很大程度上，护士的学习很有可能是潜移默化的，她能够迅速并恰当地对处境做出反应，而未必能够将指导她做出判断的规则明确地加以表达出来，并解释给他人。[2] 阿尔曼和伍德沃德认为这种在心理学研究中广为关注的默会学习在社会领域中，也可以用于训练在道德问题上的情感反应。不过这种观点面临的一个重要挑战是：训练情感对道德上相关的信息有反应能力和

---

[1] John Allman and Jim Woodward, “What Are Moral Intuitions and Why Should We Care about Them? A Neurobiological Perspective,” *Philosophical Issues* Vol. 18, No. 1 (2008), p. 164.

[2] 参见 John Allman and Jim Woodward, “What Are Moral Intuitions and Why Should We Care about Them? A Neurobiological Perspective,” pp. 170 - 171。

训练情感对道德事实本身具有反应能力还是有差别的。在护士的学习过程中，我们可以依据患儿病情的恶化或好转这样的客观事实，对诊断结果及相应的治疗方案做出独立而客观的反馈，由此判断护士之前的诊断是否正确，并对今后的判断起到调适作用。但是，与此对照，在道德领域上，对道德上相关的信息做出回应首先取决于我们自身如何理解道德的范畴及其规范性要求，从这个角度上说就不太可能对已经做出的情感反应做出独立而客观的反馈，并以此为基础对今后的情感反应做出调适。因此，如果不首先解决道德事实和我们对道德上相关因素的主观判断之间的差距，就很难在非道德领域的专业训练和对道德领域中的情感反应的训练之间建立起恰当的类比。[1]

另一种非知觉论的模型是由肖恩·尼科尔斯（Shaun Nichols）提出的。他基于一些经验研究的结果认为许多与伤害相关的核心道德判断是由情感或由情感支持的规则所解释的，而无法只诉诸推理来解释或辩护。他所提出的情感规则模型在本书的结语中将作为演化进路之外的一条重要理论选择加以简要介绍。

知识论的情感主义除了正面建立起基于情感反应的道德知识和获得道德知识的途径，也致力于从反面质疑、拆穿一些道德信念的可靠性。这一工作也被称为知识论上的拆穿论证，其代表性

---

[1] 参见 Antti Kauppinen，"Moral Sentimentalism，" *The Stanford Encyclopedia of Philosophy*（Winter 2018 Edition），Edward N. Zalta，ed.，URL = https：//plato. stanford. edu/archives/win2018/entries/moral-sentimentalism/。

工作有格林和辛格基于情感进程和推理进程在功利主义式的道德判断和义务论式的道德判断上所发挥的不同作用，试图得出结论说义务论的道德理论是对直觉反应的合理化，并因此缺乏以推理进程为基础的功利主义判断那样的可靠性。这一方向上的工作及其问题，我们在第五章中已经做了详细的考察，在此不再赘述。

7.3 情感主义与道德先天论的张力

以上我们对情感主义这种复杂的哲学传统在解释性层面、元伦理学层面和知识论层面的核心关切做了一个大致的梳理，我们可以看到，这些情感主义观点在逻辑上可以是彼此独立的，在问题域和研究方法上也是各有不同。其中，与诉诸演化理论的当代道德心理学、认知科学的研究发生直接关联的是解释性的情感主义，在解释道德判断的形成机制这个问题上，无论是立足于经验研究的当代情感主义理论还是基于个人观察和概念分析的传统情感主义理论都分享着道德先天论（moral nativism）的观点。这种观点认为我们的道德能力，甚至是某些基本的道德知识是先天的，[1] 也就是说，是人类心智的初始条件的一

[1] 先天性（innateness）的概念在不同学科中都有提及，而且在不同的学科领域中其含义也有所不同。在生物学领域中，这个概念很多时候被用来指跨越环境的恒定性，也就是说，如果一种特征无论是在什么环境中都能发展出来，那么它就是先天的。在心理学中，它指的是如果一种心理特征是通过专门针对它的心理机制（而不是为了其他目的演化而来的心理机制）所获得的，那么它是先天的。不过我们可以暂且搁置这些定义上的争论，因为在以下论证道德先天性的各个论证中都会指明所指先天性的具体含义。

部分，并不需要通过经验加以学习。本书接下来的部分将考察情感主义与道德先天论之间的张力，尤其是支持道德先天论的三种主要论证以及这些论证中存在的问题，旨在表明道德先天论的根据是不充分的，对于道德判断的经验现象仍旧可以合理地做出非先天论的解释。本节将集中于第一种论证，这种证明道德先天性的论证是表明道德规则的内容具有先天性。

道德规则的内容是相对于理解并运用道德规则的能力而言的，它主要指的是规则所禁止、允许或要求的行为类型。道德规则的先天论试图论证的就是存在一种塑造了道德规则内容的先天结构。而相信存在这种先天结构的重要理由就是：我们似乎很容易观察到道德规则在不同的人类文化中呈现出惊人的普遍性。不难发现，在所有已知的人类社会中，我们都会看到某些道德规则的出现，例如，多数社会都有禁止杀人和身体伤害的规则，也都有提倡分享、合作和帮助的规则，还有制约性行为的规则，这些在社会公正、家庭关系领域内的规则似乎在不同的社会之间具有很大的共性。在早期的小型社会中，这些规则典型地来说是不正式、不成文的，而到了大型社会中，则得到了正式的表达，并有相应的强化、监督机制来保证这些规则得以遵守，如国家层面的警察、法院的机制，以及民间层面的舆论机制，包括对某些个人和群体的八卦新闻（gossip）以及社会排斥（ostracism）。[1] 正

[1] 参见 Christopher Boehm, *Hierarchy in the Forest*: *The Evolution of Egalitarian Behavior*, Cambridge, MA: Harvard University Press, 1999; Donald E. Brown, *Human Universals*, New York: McGraw-Hill, 1991。

如哲学家乔伊斯所说："道德（我所指的是做出道德判断的倾向）存在于我们已听说过的所有人类社会中。"[1]

如果道德规则的普遍性是真实存在的，那么解释这种普遍性的一种方式就是预设至少有一些道德规则是人类先天就具有的，是在演化历史中经由自然选择而来的。说一个道德规则是先天的，就意味着这个规则的发展并不取决于任何具体的文化模式，而是由遗传因素使它可靠地出现在很广泛的环境条件下。当然，某些事物是普遍存在的并不就必然说明它们是先天的，比如在大多数文化中都能发现衣着、建筑、宗教，但这些东西并非是先天的。但是，普遍的道德规则还是为先天性提供了某些证据。毕竟，人类生活于非常不同的自然和社会条件下，如果道德规则是人类发明并习得的，那么我们理应看到这些规则具有极大的多样性。

要评价诉诸道德规则的普遍性来证明其先天性的论证思路，我们首先需要说明道德规则的特征是什么，如何将道德规则与一般的规则区分开来。而当厘清了这些问题之后，我们会发现很多说明道德规则普遍性的论据实际上只适用于一般性的规则，尤其是习俗规则的普遍性，而并不能说明道德规则的普遍性。

那么道德规则的特殊性究竟在哪里呢？近年来，许多针对道德规则的经验研究都特别关注道德规则与另一种社会规则，

---

[1] Richard Joyce, *The Evolution of Morality*, p. 134.

即习俗规则之间的区别。心理学家艾利奥特·特里尔（Elliott Turiel）[1] 综合了诸如塞尔和罗尔斯这样的哲学家的论断，在道德规则和习俗规则之间做出这样的区分："习俗是构成性系统的一部分，也是共享的行为（一致性、规则），其意义是由它们所植根的构成性系统所规定的。"[2] 与之相比，道德规则是"源自于福利、公正和权利概念，就这个意义上来说，它们是无条件地具有义务性的、可普遍化的，而且是非个人性的"。[3] 在这种思路之下，概括地来讲，道德规则被认为具有三个重要的特征：它是独立于权威的（无论是个人还是机构）；是诉诸对他人的伤害、诉诸他人的权利或正义而得到辩护的；对道德规则的违背也被看作是更为严重的。而与之相对，习俗规则的力量取决于权威，只是适用于特定的文化或社会，是诉诸人们约定俗成的看法而得到辩护的，违背习俗规则也不被认为像违背道德规则那么严重。

---

[1] 类似的工作亦见 Larry Nucci, *Education in the Moral Domain*, Cambridge: Cambridge University Press, 2001; Judith Smetana, "Preschool Children's Conceptions of Moral and Social Rules," *Child Development*, Vol. 52 (1981), pp. 1333 - 1336; R. J. R. Blair, "A Cognitive Developmental Approach to Morality: Investigating the Psychopath," *Cognition* Vol. 57 (1995), pp. 1 - 29。

[2] Elliott Turiel, M. Killen, and C. Helwig, "Morality: Its Structure, Functions, and Vagaries," in *The Emergence of Morality in Young Children*, J. Kagan and S. Lamb, eds., Chicago: University of Chicago Press, 1987, pp. 169.

[3] Elliott Turiel, M. Killen, and C. Helwig, "Morality: Its Structure, Functions, and Vagaries," pp. 169 - 170.

支持道德规则的普遍性的研究者们通常会引用一些古老的规则作为证据。例如乔伊斯就指出，埃及亡灵书和美索不达米亚的《吉尔伽美什史诗》中都提到了道德规则，甚至在旧石器时代晚期的考古资料中也能找到道德的痕迹，如这些资料表明当时已经存在贸易，贸易蕴含着对所有权的承认，而所有权又蕴含着某种对权利的理解。[1]

但是这种人类学和历史学的证据存在一个问题，那就是它们没有能够将习俗规则与道德规则区别开来。这些证据只能证明一般而论的规则是普遍的，但是却无法进一步证明道德规则也是普遍的。人类学和历史学的研究所能表明的是所有已知文化中都存在规则。在所有的文化中，都存在对某些行为的禁止以及对违背这些禁令的惩罚，也存在着对履行某些行为的要求以及对遵守这些要求的奖励，除了行为之外，还有针对品格特征的尊崇和鄙视。这种作为禁令和要求而存在的规则以及由此而产生的奖惩极有可能是具有跨文化的普遍性的。但是值得注意的是，道德规则是一种独特类型的规则，依据这些规则做出的道德判断也是一种独特的规范性判断，因此规则的普遍性不应该混同于道德规则的普遍性。要证明道德规则也是普遍的仅仅引用不同文化和古代的法典是不够的。还需要表明这些规则确实是具有道德属性的，也就是说，需要表明这些规则具有将道德规则与其他规则相区别

---

[1] 参见 Richard Joyce，*The Evolution of Morality*，pp. 134 - 145。

开来的那些特征。按照这种思路，我们会发现，对道德规则和判断的描述越丰富，在许多文化中出现的规则就越难以被算作道德规则，因此道德规则也越难以是普遍的。例如，中国明清时代在汉族女性中普遍有缠足的要求。这显然是一个社会规则。但是这个规则在中国历史上的存在并不支持道德规则是普遍的，因为缠足究竟是不是一个道德规则并不明确，也就是说，它是否具有道德规则的那些典型特征是一个首先需要考量的问题。仅仅指出规则在人类社会中由来已久且普遍存在是不够的，以乔伊斯为代表的研究者还需要表明这些规则具有区别于其他规则的典型特征。

除了在道德规则和非道德规则之间的混淆之外，这条证据的另一个重要问题在于，一些典型的道德规则虽然看似普遍，但仍旧具有文化多样性。不过在探讨这个问题之前，有必要指出有一些道德规则是并不适合作为具有普遍性的道德规则的例证来加以讨论的。比如“滥杀无辜是错误的”，“偷窃是错误”，这样的规则都是分析性的，即它所界定的行为在概念上就已经蕴含了它的错误性。“滥杀无辜”就意味着以一种不恰当的方式杀害他人，“偷窃”就意味着以一种不被允许的方式获取他人财产。因此，虽然这样的规则无论在什么文化中都必然成立，但是这并不是因为不同的文化都恰好认同这样的规则，而只是因为这个规则已经蕴含在对行为的定义之中了。出于这个原因，我们需要用不具有规范性意义的术语来表述这些道德规则。虽然诸如“滥杀无辜是错误的”，“偷窃是错误的”可以是具有普遍性的，但是规定在什么情况下杀人或者占有他人财产是可被允许的具体规则却在不同的社会文化之间很难具有一致性。[1]

如果对道德规则在不同文化中的现实表达做更细致的探究，我们会发现多样性要远远大于表面上的普遍性。例如，人们可能会认为禁止对他人的伤害是一个普遍的道德规则。有一些心理学家也试图寻求这个规则背后的普遍的心理基础，如布莱尔（R. J. R. Blair）就认为人类的心智中演化出了一种暴力抑制机制（Violence Inhibition Mechanism），这种机制使得人们天生地就对伤害他人产生反感。如同任何一种文化中的人们都会驱乐避苦一样，也没有哪种文化中的人会反对禁止伤害他人的规则。暴力抑制机制的想法来源于康拉德·劳伦茨（Conrad Lorenz）对犬科动物这样的社会性动物的一项研究，劳伦茨发现犬科动物在发生种族内冲突的时候，当同类表现出投降的信号时，攻击者就会停止攻击，他由此推测这些社会性动物已经演化出了抑制物种内暴力的机制。布莱尔在这一研究的启发下，进一步提出，在人类的认知系统中也存在类似的暴力抑制机制。这种机制是由他人用非语言方式表达的痛苦信号所激活，比如难过的面部表情、哭泣的样子和声音等等，然后在主体身上产

---

[1] 参见 Chandra S. Sripada，"Nativism and Moral Psychology：Three Models of the Innate Structure that Shapes the Contents of Moral Norms，" in Walter Sinnott-Armstrong，ed.，*Moral Psychology Volume* 1：*The Evolution of Morality*：*Adaptations and Innateness*，Cambridge MA：The MIT Press，2008，p. 323。

生出一种回撤的反应（withdrawal response），这种回撤反应"通过意义分析，被体验为是令人反感的"。[1] 而这种令人反感的感受就充当了一种抑制信号，使得主体不再去做导致痛苦的行为，并且在今后也将这种反感与这类行为联系在一起。但是这种先天的暴力抑制机制是否存在，在动物行为学中仍旧是有争议的，而且也尚未在人类中可靠地建立起来。

这种理论设想的一个最大的问题就在于，如果这种先天机制是存在的，人们有着对伤害性行为的普遍厌恶，那么我们应该能够观察到不同文化中的人们对暴力，尤其是针对群体内部成员的暴力，有着普遍的拒斥，但是人类学和历史学的研究都告诉我们事实并非如此。正如哲学家普林茨指出的，许多人类群体都容许在某些情况下，针对群体内成员施加某些类型的伤害，例如，许多群体都容许将刺字、鞭笞等伤害身体的行为施加在群体内成员身上，而且这些受害者中也不乏毫无罪责的无辜者。如日本中世直至江户时期，在武士当中流行一种叫"辻斩（tsujigiri）"的做法，指的是武士们为了测试一把剑的锋利程度，或者一种战斗技法的有效性，甚或仅仅是体验杀人的感觉，就伏击手无寸铁的无辜路人。[2] 进而，许多社会也允许对群体内部的亚群体施加某种类型的暴力，例如，针对妇女、

---

[1] R. J. R. Blair, "A Cognitive Developmental Approach to Morality: Investigating the Psychopath," p. 7.

[2] 参见 Jesse Prinz, *Beyond Human Nature: How Culture and Experience Shape the Human Mind*, pp. 309 - 310。

儿童和某些边缘群体的暴力行为。[1]

禁止伤害和暴力的规则除了在容许对什么类型的个体实施伤害上体现出多样性之外，在这些规则所适用的处境上也存在多样性。例如，许多社会允许在对之前所受冒犯进行报复或惩罚时使用暴力。但是在报复或惩罚时具体造成什么样的伤害是可以允许的，在不同群体中又呈现很大的多样性。在有些群体中盛行“荣誉文化”，男性把维护自己的名誉看得无比重要，为了捍卫荣誉而采用暴力是可以被允许的，甚至是被看作是必要的，即便是相对轻微的冒犯，比如刻薄的言语，也会激发强烈的暴力反应。[2] 禁止伤害的规则在所允许的伤害的种类和程度上也存在多样性。在某些社会中，几乎所有导致伤害的行为都被严令禁止。在马来西亚雨林中生活的沙曼族人（Semai）把所有类型的伤害，包括打架斗殴，甚至辱骂诽谤在内的行为都看作是不允许的，可以说是人类社会中伤害和暴力程度最低的一个群体。[3] 但是，有一些社会却又极为暴力。南美亚马逊雨林的雅诺玛米人（Yanomamo）采用暴力解决冲突和求得配偶

---

[1] 参见 Robert Edgerton, *Sick Societies: Challenging the Myth of Primitive Harmony*, New York: Free Press, 1992。

[2] 参见 Richard E. Nisbett, and Dov Cohen, *Culture of Honor: The Psychology of Violence in the South*, Boulder: Westview Press, 1996。

[3] 参见 Clayton A. Robarchek and Carole J. Robarchek, “Cultures of War and Peace: A Comparative Study of Waorani and Seimai,” in James Silverberg and J. Patrick Gray, eds., *Aggression and Peacefulness in Humans and Other Primates*, New York: Oxford University Press, 1992。

都是可以被允许的，而且是极为常见的现象，这个部落中有一半的男性都参与过杀人，而且有四分之一的男性都死于暴力冲突。而在这两个极端之间，在可被允许的暴力程度上也存在着各种形式的中间状态。[1]

除了禁止伤害的规则之外，我们有理由相信几乎所有的通常被认为具有普遍性的道德规则细究起来都具有广泛而复杂的多样性。有充分的人类学证据表明在社会交换、婚姻关系、社会等级、饮食与性生活等等方面的道德规则都存在着实质性的跨文化多样性。这些群体间的差异性都对道德规则先天论构成了有力的挑战。这种观点的问题就在于它把道德规则的内容看成是不受文化因素影响的。但是道德规则跨文化跨群体的多样性则表明文化事实上在决定具体的道德规则上发挥了重要作用。

---

[1] 参见 James Silverberg and J. Patrick Gray, eds., *Aggression and Peacefulness in Humans and Other Primates*, New York: Oxford University Press, 1992。

8. 道德能力先天论

上文已经表明，道德规则在不同的社会文化之间表现出巨大的差异性，因此并不能通过诉诸道德规则的普遍性来证明道德是先天的。然而，证明道德先天性的另一条思路是即便没有哪一条道德规则是先天的，但是鉴于我们在上一章就在道德规则的内容和能力之间所做的区分，我们还是可以设想无论道德规则的具体内容是什么，我们仍旧有可能先天地就具有一种能力来理解并运用道德规则。也就是说，不同的社会可能酝酿出不同的规则，但是把握道德规则的能力却是先天的。而要回答人类的道德能力是否具有先天性，一个最好的办法就是探究儿童究竟是如何获得道德能力的，也正是在这一点上一些研究者发现儿童的道德能力有环境因素、教化因素无法解释的地方，这就为先天论留出了空间。我们接下来就来考察这条论证线索是如何建立起来的。

8.1　区分道德规则与习俗规则的能力

在儿童道德能力的发展中找到先天性证据的研究者们首先

在人类的道德能力和语言能力之间建立起一种有趣的类比。儿童展现出令人惊叹的语言能力，这使得乔姆斯基这样的语言学家们做出了语言能力先天论的设想。语言心理学家史蒂芬·克莱恩（Stephen Crain）和中山峰治（Mineharu Nakayama）对一个幼儿园中三岁、四岁和五岁的儿童所做的一个经典实验则验证了这个设想。工作人员向孩子们介绍一个玩偶，并给它起了《星球大战》中的角色赫特人贾巴的名字，然后再引导孩子们向贾巴提问，比如“问问贾巴那个不高兴的男孩是不是在看米老鼠动画片（Ask Jabba if the boy who is unhappy is watching Mickey Mouse）”，这实际上是在测试孩子们是不是能将一个不熟悉的复杂陈述句正确地变成疑问句。孩子们可能经常听到把诸如“The boy was in the house”这样简单的陈述句变成疑问句“Was the boy in the house?”的例子，但是实验中的这个句子要更复杂，嵌套了两个助动词 is，孩子们很有可能没怎么听过这种复杂的变换，因此，我们有理由预测有很多孩子在把这个复杂陈述句变为疑问句的时候，会错误地说成“Is the boy who unhappy is watching Mickey Mouse”，毕竟这个陈述句中有两个 is 可以选择，如果有些孩子选择把第一个 is 提前也很正常，但实验的结果却令人惊讶，当孩子们兴高采烈地向贾巴提问的时候，没有一个说出我们预测的错误句型。[1] 不过有人也许会

[1] 参见 Crain, Stephen and Mineharu Nakayama, “Structure dependence in grammar formation,” *Language*, Vol. 63（1987），pp. 522－543。

说，孩子们可能只是碰巧都说对了，而接下来这个实验则证明孩子们的成功并非巧合。

心理学家卡琳·斯特罗姆斯沃德（Karin Stromswold）分析了十三位学龄前儿童所说的包含助动词的句子。英语中的助动词系统素来被语法学家认为是极其复杂的。助动词之间的组合在逻辑上有极多的可能性，比如 He have might eat 和 He did be eating，但是在这些可能的组合中只有一百种是合乎语法的，之前的这两种组合只是在逻辑上成立的组合，而在语法上成立的组合则是 He might have eaten 和 He has been eating。也就是说，儿童在使用助动词的时候，总是有相当大的可能性会犯各种错误，尤其是当他们听到父母的某种用词方式时，我们有理由预测他们很有可能会把这种用法带入到其他看似一样但却并不适用的语境中去。例如，成年人会说 He seems happy，这个句子的疑问句形式则是 Does he seem happy？按照这种模式，当儿童碰到 He is smiling 这个句子的时候，要把它变为疑问句，他很有可能会说 Does he be smiling？类似的例子还有成年人会说 He did eat，否定形式是 He didn't eat，那么当儿童碰到 He did a few things 这个句子时，他很有可能会把否定形式也仿造成 He didn't a few things。再把情态动词考虑进来，就更容易犯错误了，成年人会说 I like going，换成第三人称就是 He likes going，这样当儿童碰到 I can go 这个句子时，他很有可能把第三人称形式说成是 He cans go。诸如此类的极易犯错的情形还有很多。但是斯特罗姆斯沃德发现，在她所搜集的六十多万句语料中，儿童们完全没有犯这些类型的错误。[1]

不仅是英语，在学习其他语言上儿童同样展现出很强的能力。像法语和德语中的名词分阴阳性，这让很多语言学习者都头痛不已。但这对学习这些语言的儿童却并非难事，他们能很快就掌握词性，而且很少犯错误。除了一些罕见的，或者只在书面语言中出现的语法结构，所有的语言对于四岁以前的儿童来说，学起来都同样容易。

类似的实验证据还大量存在，语言心理学家史蒂芬·平克（Stephen Pinker）认为这些证据表明儿童在语言使用上，懂得许多他们事实上并没有被教授的东西。那么这些语言知识从何而来呢？按照平克的解释，这就来自一种天生的语言本能（instinct）。他用一个生动的类比来说明这种本能意味着什么："人们知道如何说话，这或多或少就像蜘蛛知道如何织网一样。织网不是由某个默默无闻的蜘蛛天才发明的，也并不取决于正确的教育，或是拥有建造设计或建筑交易的天赋。相反，蜘蛛织网是因为它们有着蜘蛛的大脑，这给了它们织网的冲动以及织好网的能力。"[2]

正是由于儿童所掌握的语言知识远远多于他们从环境中习得的知识，所以很难将语言能力解释为一种文化的产物，而且

---

[1] 转引自 Stephen Pinker，*The Language Instinct*：*How the Mind Creates Language*，Penguin Books，1994，p. 272。

[2] Stephen Pinker，The Language Instinct：How the Mind Creates Language，p. 18.

我们学习语言的方式也不同于学习人造事物——如分辨时间或者政府如何运转——的方式。这就促使一些语言学家们做出语言本能的设想，把语言看作是我们大脑的生物构成中独特的一部分，平克这样来形容这种本能："这种复杂专门的技巧是在儿童身上自发地发展起来的，无需任何有意识的努力或者正式的指导；在应用这种技巧的时候也意识不到它的基础逻辑，而且在每个个体身上的质量也都是一样的。"[1]

这种通过环境刺激的贫乏来论证语言能力的先天性的观点也被拓展到了对儿童如何获得道德能力的研究。我们在上一节提到心理学家特里尔对道德规则和习俗规则之间差别的研究，他针对儿童如何分辨这两种规则的实验被认为给道德能力先天论提供了最有说服力的证据。虽然道德规则和习俗规则按照特里尔的区分确实存在一些模糊地带，但是我们仍旧可以说有一些规则是典型的习俗规则，比如上课按顺序发言、上学要穿校服、不许剩饭等，而有一些规则却是典型的道德规则，它往往涉及对伤害的禁止，比如不许偷东西、不许推搡别的小朋友、不许揪女同学小辫儿等等。特里尔和同事们在二十世纪八十年代的时候，针对三岁左右的儿童做了一系列的实验，来研究他们对不同类型的规则在发生变化时的反应。之所以采用这样的实验方法，是因为通过直接询问这个年龄的儿童这两种类型的

---

[1] Stephen Pinker, *The Language Instinct: How the Mind Creates Language*, p. 18.

规则有何差别显然是不切实际的，他们甚至都没有听说过“道德”“习俗”这样的词汇，更不用说准确地理解并清楚地表述出这两者的区别，那么无法准确地说出这两种规则的区别是否就意味着他们彻底不知道这两者是有区别的呢？显然也不是，正如有的人会骑自行车，但却无法讲出骑自行车的方法以及原理一样，我们无法用命题式的语言表达一种知识并不意味着我们就彻底并不拥有这种知识。因此，在这类型的实验中，心理学家往往会将儿童引入某种他们所熟悉的情境，通过对规则变量的控制，来观察他们会不会产生不同的反应。例如，实验员会以老师的身份告诉孩子们今天如果想在课堂上发言，不必先举手，然后再问孩子们如果今天在课堂上不举手就发言，这么做对不对呢？结果是孩子们都毫不犹豫地认为这样做是对的。再比如，实验员告诉孩子们在另一所学校，老师并不禁止学生嚼口香糖，那么孩子们就不会认为在那所学校嚼口香糖是错误的行为。但是，与此相对的是，当实验员告诉孩子们另一个学校的老师说可以打人的时候，孩子们却仍旧认为打人是不对的。

这类研究得出一个非常令人吃惊的结论，即儿童们大约从三岁左右开始就能够在许多场合识别出道德规则和习俗规则之间的差异。他们倾向于认为道德规则较之于习俗规则一般来说是更加不允许违背的，违背道德规则也是更加严重的错误。他们把道德规则看作是更加不依赖于权威的，比如，揪别人头发即便是在其他学校、其他国家也仍旧是错的。他们更倾向于根据对他人造成的伤害来解释为什么违背道德规则是错误的，例如，孩子们会说揪头发是错误的是因为这么做给别人带来了痛苦。相反，在解释违背习俗规则为什么是错的时候则是诉诸社会对这些规则的认可，例如，孩子们会说不按先后顺序发言是错的，因为这样做是粗鲁的、不礼貌的，或者“你就不应该这么做”。

儿童所展现出来的这种能力究竟从何而来呢？是从父母老师那里学来的吗？但是很显然，成年人并不会对这个年龄的儿童明确地解释这两种规则之间的区别，他们自己甚至都不一定能意识到并清楚地表达这两者之间的区别。那有没有可能是儿童从环境中自己领会到的呢？孩子们从父母师长那里听到的不同规则都是用非常相似的方式加以表达的，“不许撒谎”，“不许剩饭”，“不许欺负别的小朋友”，“不许吃零食”，成年人并没有刻意去区分这些规则，也没有在教授方式上给孩子们留下发现其中差别的线索。而且违背这些规则的后果可能也都是相似的，比如关小黑屋、没收玩具等等，惩罚的严厉程度也不一定和究竟违背了什么规则相关，偷吃糖果可能和撒谎所受的处罚是一样的。那么这样一来，合理的解释似乎就只剩下孩子们是先天就具有这种对道德规则的敏感性。

8.2 理解义务性规则的能力

道德能力先天论的证据不仅来自儿童在环境刺激贫乏的情况下仍旧能够区分道德规则与习俗规则，也来自儿童在理解义务性规则上的卓越能力。人类社会中的规则有一类是陈述性的规则（indicative rules），这类规则是通过经验观察，对外部世界中的事态做出规律性的描述，例如“如果发生传染病，那么外出的人们就会戴口罩”。还有一类非常不同的规则是义务性规则（deontic rules），这类规则是关于人们在某种处境下，可以、应当或必须如何行动的规则，例如“如果发生传染病，那么外出的人们必须戴口罩”。那么，儿童能不能准确地理解这两种规则呢？心理学家丹妮斯·康明斯（Denise Cummins）针对三岁儿童所做的实验对这个问题做出了有力的回答。

工作人员给孩子们讲了一个玩具老鼠的故事，有些老鼠在屋子里，有些老鼠在后院里，有些老鼠一捏就会叫，有些老鼠不会叫，而邻居家的猫只要一听到老鼠叫就会来追老鼠，因此会叫的老鼠待在后院里就很危险。这时候，米老鼠米妮告诉孩子们一个陈述性的规则，“会叫的老鼠待在外面很不安全，因此所有会叫的老鼠都**待在**屋子里”。然后工作人员问孩子们要知道米妮说得对不对，得去检查哪些老鼠呢？是屋子里的还是后院里的？作为对照，米妮又告诉孩子们一个义务性的规则：“会叫的老鼠待在外面很不安全，因此所有会叫的老鼠都**必须**待在屋子里。”然后工作人员问孩子们要知道有没有老鼠违背米妮的命令，是要检查屋子里的还是后院里的老鼠呢？在这两种情形中，基本事实都是一样的，会叫的老鼠待在外面都是危险的，唯一的差别在于第一种情形是要检验一个经验总结是否为真，而在第二种情形中是要考察一个义务性的规则有没有被打破。实验的结果是，82％的四岁儿童和64％的三岁儿童在义务性的情形中，都选择检查最有可能违规的那些老鼠，即在屋外的老鼠，而只有32％的四岁儿童和35％的三岁儿童在描述性的情形中选择去检测屋外的老鼠。[1] 也就是说，大多数儿童在检验一个描述性规则是否为真时，会去寻找积极的证据来确认这个规则（confirmation-seeking strategy），而在检验一个义务性规则是否被遵守时，则会去寻找违规的反例来确保这个规则没有被破坏（violation-detection strategy）。虽然儿童们不能有意识地正面表达出这两类规则的区别何在，但是他们对待这两类规则时所采取的不同的思考方式则暗示出他们事实上有能力在这两者之间做出区分。

而一些进一步的实验，如心理学家保罗·哈里斯（Paul Harris）和玛丽亚·努奈兹（María Núñez）以三岁和四岁的儿童作为被试的实验，则表明儿童不仅能够区分描述性的规则和义务性的规则，而且他们在理解义务性规则上展现出比理解描述性规则更为卓越的能力。这类实验往往仍旧是以讲故事的方式进行，故事中包含着以条件句形式（如果p，那么q）出现的规则，而且这些规则往往是儿童们在日常生活中并不熟悉的，然后再给出四种情形，分别对应着p与－p和q与－q之间的四种组合。接下来，在义务性规则的形式中，会告诉儿童们故事

[1] 参见 Denise D. Cummins, "Evidence for the Innateness of Deontic Reasoning," *Mind & Language*, Vol. 11, No. 2 (1996), p. 171。

的主人公卡罗尔的妈妈说："如果卡罗尔要画画，她必须戴上头盔。"而相应的四种情形则是：

A. 卡罗尔没有画画，但戴着头盔（－p和q的组合）。

B. 卡罗尔在画画，也戴着头盔（p和q的组合）。

C. 卡罗尔没有画画，也没有戴头盔（－p和－q的组合）。

D. 卡罗尔在画画，但没有戴头盔（p和－q的组合）。

被试的任务是指出卡罗尔在哪幅图片中是调皮不守规则的。而在陈述性规则的形式中，规则是卡罗尔对自己行为的一个经验总结，"如果卡罗尔要画画，那么她总是戴着头盔"。然后仍旧是给出以上四种选项，被试的任务变成了指出卡罗尔在哪幅图片中做了和她所说的不一样的事情。与上文所述的康明斯的实验不同，在这个实验中被试不需要思考如何验证可能的违规，而只用识别出事实上的违规。[1] 哈里斯和努奈兹发现三岁和四岁的儿童在识别违反义务性规则的情形（D）上都远远强于识别不符合陈述性规则的情形（D）。而且他们在这两种形式的任务中，为自己的回答所做的辩护也非常不一样，在义务性规则的形式中，他们能够指出正是因为卡罗尔的行为（画画）并

---

[1] 前一类实验一般被称为"选择性任务（selection task）"，被试面临的选项是单一值，如p，－p，q，－q，他们需要判断的是为了检测义务性规则是否被打破或描述性规则是否成立，需要检测哪些选项；而目前讨论的实验则一般被称为"评价性任务（evaluation task）"，被试面临的选项是p，－p，q，－q的四种组合，他们只用评价并识别出那种不符合规则的组合（即p与－q的组合），这个任务相对于选择性任务来说更为简单，但是也仍旧能够体现出被试是否能够意识到违规就在于不满足先决条件（戴头盔）的情况下就采取行动（画画）。

不满足做这件事的必要条件（戴头盔），所以她才是调皮不守规则的，但是在陈述性规则的形式中，他们却无法为自己的回答做出相关的辩护。这也反映出他们对义务性规则的理解要比对陈述性规则的理解更为准确深入。[1]

正如在道德与习俗规则之间做出区分的能力一样，儿童似乎也能理解义务性规则和陈述性规则之间的差别，即便它们在形式上是非常相似的，而且较之于陈述性规则，儿童也更善于对义务性规则做出思考，虽然在日常教育中，父母师长并没有明确地教给他们这些区别。这些发展心理学的研究结果都揭示出儿童拥有识别道德规则的卓越能力，而且他们在这方面被灌输的内容要远远比他们展现出的能力要贫乏得多，于是，有一些心理学家认为这种能力必定是先天的。

8.3 道德能力非先天论解释

由此，我们可以在道德能力先天论这个进路上总结出两个基本的论证：一是环境刺激贫乏论证，即儿童从环境中获得的教育要远远少于他们所具有的道德能力；二是儿童对违反义务性规则的行为具有先天的敏感性。接下来，我们将针对这两个论证，探究对这些发展心理学中的现象，是否有可能在不诉诸先天论的条件下做出解释，在这个方向上，普林茨都做出了颇

[1] 参见 Paul Harris and María Núñez, "Understanding of Permission Rules by Preschool Children," *Child Development*, Vol. 67 (1996), pp. 1572 - 1591。

有说服力的尝试。

首先来看环境刺激贫乏论证。鉴于违反道德规则通常被认为是更为严重、更为有害，也不太依赖于权威，那么儿童就还是有可能在环境中接触到道德规则和习俗规则之间不同的推理方式，也可以由此推测：他们可以模仿在教育者身上体现出来的不同的推理模式并加以内化，由此来学习如何区分道德和习俗规则。[1] 这种推测也不乏经验证据，首先，对父母在儿童教育过程中所采取的规训手段（disciplinary methods）所做的调查表明，并非所有的父母对儿童的任何违规行为都采取同样的规训手段。发展心理学家霍夫曼观察到，那些在教育子女上最富成效的母亲是在规训技巧的选择上最为灵活多样的。[2] 他的观察也得到了进一步的印证，有研究表明虐待型的母亲更有可能采取一种单一的规训技巧，即无论孩子犯了何种错误，都采取权威强制（power assertion）的手段，例如“我说不许就不许”，而非虐待型的母亲则根据儿童犯错的类型，采用不同的规训技巧，包括分别使用说理或权威强制或两者相结合。[3]

努奇和艾尔莎·韦伯（Elsa K. Weber）针对美国中产阶级

---

[1] 参见 Jesse Prinz，“Is Morality Innate?” in Walter Sinnott-Armstrong, ed.，*Moral Psychology Vol. 2*，Cambridge，MA：MIT Press，2008，p. 392。

[2] 参见 Martin Hoffman，“Conscience，Personality，and Socialization Techniques，” *Human Development*，Vol. 13（1970），pp. 90 - 126。

[3] 参见 Penelope K. Trickett and Leon Kuczynski，1986，“Children's Misbehaviors and Parental Discipline in Abusive and Non-abusive Families，” *Developmental Psychology*，Vol. 22（1986），pp. 115 - 123。

的三岁和四岁儿童及母亲所做的观察和访谈表明，母亲会根据儿童所违反的规则的不同类型来调整规训手段。对于违反道德规则的行为，母亲的反应通常是给孩子讲明他们的行为对他人所带来的后果，尤其是与伤害/公平相关的后果，也会引导孩子做换位思考，如“如果别人抢走了你的玩具，你会有什么感觉”。母亲在把这个行为评价为是伤害性的或者不公正的同时，也重申相应的规则和命令及其背后的理由。而且，是优先采取说理还是命令的方式也根据儿童的年龄不同有所变化，例如对于四岁的儿童，母亲会更倾向于采取说理的方式，尤其是指出他们的行为对他人带来的影响，相对会减少采用命令式的强制，而对于幼龄儿童则与之相反。对于儿童违背习俗规则的行为，母亲的反应主要是指出这个行为是不合时宜的、古怪的或者容易引发混乱的，如“你的房间太脏乱了”；有时候母亲也会讲出支配某个行为的具体规则，如“客人还没吃完，主人就离开餐桌是不礼貌的”，同时也会提醒犯错的孩子相关的规则或正确的行为是什么。与道德和习俗领域的行为不同，在不涉及人际交往的个人化行为中，母亲的反应几乎通常是指出这个行为应该由行动者本人来决定，如“这是你的房间，由你来决定该粉刷什么颜色”，做出这种强调个人特权的陈述（prerogative statements）时，母亲也会对孩子给出可供选择的选项，如“你想穿哪件衬衫去学校”。[1]

[1] 参见 Larry Nucci and Elsa K. Weber, “Social Interactions in the Home and the Development of Young Children's Conceptions of the Personal,” *Child Development*, Vol. 66, No. 5 (1995), pp. 1438 - 1452。

除了教育者在对儿童的训诫方式上会随着违规行为的类型不同有所变化之外，儿童也会通过观察家庭之外的成年人以及与同伴之间的社会交往，逐渐识别道德规则的特殊重要性。一个孩子违背了习俗规则，比如穿着万圣节的装扮去上学，这会遭到同学们的嘲笑或者投来怪异的眼光，但是最严重的后果也不过如此，而与此对照，如果这个孩子违背了道德规则，比如欺负一位体弱多病的同学，那么则很有可能招致同伴们的鄙视和出于义愤的反击。总而言之，与先天论者的预设相反，不同的行为种类会在家长身上引发不同的反应，而儿童也显然能够觉察出这种差别。环境刺激贫乏论证是支持先天论的重要手段，但是就目前的经验研究的结果来看，儿童所具有的区分道德规则和习俗规则的能力同样可以是通过父母师长的教育和对社会交往的观察而习得的。教育者所采用的训诫方式的多样性和儿童所能观察到的社会交往的丰富性都远远超过了先天论者的预设。

再来看基于儿童对义务性规则的敏感性来证明先天论的思路。普林茨认为这个论证的问题在于“义务性的规则和陈述性的规则在根本上是非常不同的，虽然在表面上的表达方式是很相似的”。[1] 义务性的规则是对必须做某事的规定，要确保这个规则的执行，我们需要找到那些没有做到这件事的人，即规

---

[1] Jesse Prinz, *Beyond Human Nature: How Culture and Experience Shape the Human Mind*, p. 316.

则的违背者，并加以惩戒，而对于那些依照这个规则行动的人则无需加以同等的关注。但是陈述性规则表达的只是两个事件之间的某种关联，而我们并非是通过观察反例来获知这种关联。例如“如果你得了流感，那么你会发高烧”这个规则，我们不会通过检查每一个不发高烧的人有没有流感病毒来确认这个规则，相反，我们是通过正面的例子，即那些已经得了流感的人的症状来了解这个规则，假如我们发现有人确实患有流感却并没有高烧症状，那么这就构成了证伪这个规则的反例。

如果义务性规则和关于因果关联的规则是完全不同的规则，普林茨推测儿童很有可能也是经由不同的途径获得这些规则的。义务性规则完全有可能是儿童通过父母的教育习得而来的。他们在日常生活中会经常被灌输诸如此类的规则：“如果你想玩游戏，你必须先写完作业”。孩子如果不守规则会受到惩罚，他们由此理解了这个规则究竟意味着什么：不完成作业就没有游戏可玩。生活中这样的场景反复出现，就教会了孩子们从违规的体验中来理解义务性规则的强制意义，也培养了他们对违反义务性规则的情形具有敏感性。而同样的方式却并不适合用来学习表达事件之间的关联，尤其是因果关联的规则。正如我们已经指出的那样，对于“如果 p 发生，那么 q 也发生”这样的条件句来说，我们并非是通过追踪－q 的东西来获知 p 和 q 是相伴发生的，否则的话，这就好像是通过认识西红柿不是辣椒来学习辣椒是辛辣的一样，这显然是很古怪的。普林茨认为，如果有什么能力是先天的，那么我们思考事件之间的相关性的能力很有可能是先天的，但是我们思考义务性规则的能力却是学习而来的，关键是我们无需预设这种能力是先天的，也可以很好地解释为什么我们如此擅长侦测到规则的破坏者。因此，无论是儿童对道德规则和习俗规则的区分能力，还是他们对违反义务规则的行为的敏感性，都可以尝试在不诉诸先天论的情况下得到解释。

9. 灵长类动物的“原始道德”

道德先天论除了从人类学、历史学和发展心理学的角度论证人类先天就拥有关于某些道德规则的知识或识别道德规则的能力之外，也经常从跨物种的比较研究中寻求支持。这条进路的基本思路是在动物界中寻找到人类的道德特征的同源物，并以此来证明人类的道德特征是通过渐进式的生物演化而产生的。也就是说，道德并非是人类所独创的，也不是通过后天学习而获得的，而是和动物界中的原初形态的道德（protomorality）有着发展上的连续性，是在人类与其他动物共有的祖先身上演化而来的。

9.1 灵长类动物的合作行为

这一进路的研究一般集中于三个论题：(1) 与人类的道德实践非常相似的一些实践活动是可以在其他动物，尤其是高阶的灵长类动物的生活中找到的；(2) 为人类的道德实践奠定基础的那些道德心理要素也已经出现在其他灵长类动物的心理机制之中；(3) 人类与动物在道德上具有演化上的连续性。我们将分别来看这三个论题是如何建立起来的。

其中的第一个论题是不那么有争议的，生物学家们历来重视对动物行为的观察和研究。研究者们对人类之外的灵长类动物——尤其是从种系发生学的角度与我们最为接近的灵长类动物，如黑猩猩（chimpanzee）和倭黑猩猩（bonobo）——的社会生活进行了长期的观察和实验，注意到这些灵长类动物使用了与人类类似的方式来解决、控制并预防群体内的利益冲突。这些方式包括了互惠式的帮助、分享食物、和解、安慰、干预并调解冲突，它们都基于共同体成员之间的团结合作，并反映出个体为了解决社会冲突所做的协同努力，而这些同样也是人类道德体系的基本要素。接下来我们不妨梳理一下这方面的经验证据。

灵长类动物学家们注意到黑猩猩和倭黑猩猩的互助合作主要体现在两种处境之下。一种是在与邻近群体争夺资源和领地的时候，猩猩们会和许多哺乳动物一样，采取集体防御的方式对抗外敌。在这种处境之下，一小群雄性猩猩会主动在它们领地的边界巡逻，当遇到附近群体的陌生猩猩时就会采取敌对的举动。[1] 另一种处境是，在群体内部，猩猩们也会结成同盟以增强在内部冲突中获胜的几率。结盟在黑猩猩和倭黑猩猩的

---

［1］ 参见 Jane Goodall, *The Chimpanzees of Gombe: Patterns of Behavior*, Cambridge, MA: Belknap Press, 1986。

社会生活中是至关重要的活动。作为个体的猩猩通常是通过互惠式的合作来进行结盟，其中典型的方式就是梳理毛发和分享食物。许多证据表明，黑猩猩之间互相梳理毛发时会优先倾向于自己的盟友，而且那些长期为伙伴梳理毛发的个体也会得到其伙伴的优先对待。黑猩猩也会狩猎并分享肉食，当然，这种分享大多数时候并非是主动的给予，而是被动地忍受食物被拿走。约翰·米塔尼（John Mitani）和大卫·沃茨（David Watts）通过对乌干达齐贝利国家公园（Kibale National Park，Uganda）中的大型黑猩猩群体的观察，发现雄性黑猩猩的这种狩猎和分享行为主要发生在食物充足的时节。由此可以推知这并非是出于营养的需要，进而它们这么做也不是为了用肉食来交换配偶，获得交配上的好处。而最符合经验证据的解释是：雄性黑猩猩用这种方法作为一种社交手段，建立并维持与其他雄性的联盟——它们通常是在有同伴的时候才去狩猎，并且分享并非随机的，而总是在盟友之间，并以此换取在自身遇到冲突的时候获得盟友的支持。[1] 杰西卡·弗莱克（Jessica C. Flack）和德·瓦尔也发现梳理毛发、食物分享和同盟支持之间是紧密相关的。例如，彼此梳理毛发的伙伴也会优先分享食物，地位低的雄性成年黑猩猩会给地位高的雄性梳理毛发，以换取交配的时候不被打扰；成年雄性倭黑猩猩会和青春期的雌性交换食物

---

[1] 参见 John C. Mitani and David P. Watts，“Why Do Chimpanzees Hunt and Share Meat?” *Animal Behaviour*，Vol. 61，No. 5（2001），pp. 915－924。

以换取交配的机会等等。[1]

和人类一样，冲突也是灵长类动物的社会生活中不可避免的场景，而它们也有着多种多样的调节机制来化解冲突、修复关系。在一些社会体系等级森严的灵长类动物中，比如恒河猴的群体中，往往是通过建立起清晰的主从关系来解决冲突，它们采用一些标志性的方式来交流各自的支配或从属地位。例如，如果处于从属地位的恒河猴遇到一个朝它走来的地位高的群体成员，那么它会以一种仪式化的表情露出牙齿，并展现自己的后躯。这种表情和姿势向处于支配地位的一方表明它作为地位低的一方已经意识到它们之间的关系，由此也就消除了任何身份上的混淆，并减低了暴力冲突的可能性，因此促进了群体层面上的和谐与稳定。[2]

而在即便有主从关系但却依然存在冲突的情况下，或者在主从关系相对松散或几乎不存在主从关系的灵长类动物群体中，它们则有另外的方式来解决问题。一种重要的方式是冲突后的和解（reconciliation），例如两只黑猩猩在发生暴力对抗之后，其中的一方会做出典型的表达善意的姿态、举动、面部表情等，

---

［1］ 参见 Jessica Flack and Frans de Waal, " 'Any Animal Whatever': Darwinian Building Blocks of Morality in Monkeys and Apes," in Leonard D. Katz, ed., *Evolutionary Origins of Morality: Cross-Disciplinary Perspectives*, Bowling Green, OH: Imprint Academic, 2000, pp. 1 - 29。

［2］ 参见 Frans de Waal and Lesleigh M. Luttrell, "The Formal Hierarchy of Rhesus macaques: An Investigation of the Bare-teeth Display," *American Journal of Primatology*, Vol. 9, No. 2 (1985), pp. 73 - 85。

包括呼喊、亲吻和拥抱。这些做法使得冲突所产生的直接负面后果被抵消，让原本的敌人重归于好。[1] 另一种方式是冲突干预（conflict intervention），在某些灵长类动物中，如黑猩猩，地位最高的成员会出面干预冲突，结束争斗或至少减低冲突中暴力伤害的严重程度。这些干预有时候是不偏不倚的，扮演调停者身份的成员采取中立的态度重建和平，而不是简单地偏向自己的盟友或家人。[2] 而有些干预又是具有偏向性的，表现为在身体上和社交上更强有力的群体成员作为第三方为冲突中更弱小的一方提供护卫，保护者不仅能够影响冲突的后果，而且群体中其他的个体也认可它们具有的这种保护能力，也不会对它们的干预表达抗议和不满。[3] 还有一种解决冲突的重要方式是调停（mediation），当冲突的双方在没有外力帮助无法自行和解的情况下，冲突之外的第三方成为两个敌对方之间的桥梁，比如当两只成年雄性黑猩猩发生严重冲突之后，一只与冲突完全无关的成年雌性黑猩猩会走向其中一方，亲吻或触摸它，并引领它走向另一方，然后坐下来给彼此梳理毛发，

---

[1] 参见 Frans de Waal and Deborah Yoshihara，“Reconciliation and Redirected Affection in Rhesus Monkeys,” *Behaviour*，Vol. 85（1983），pp. 224 - 241。

[2] 参见 Frans de Waal and Jan A. R. A. M van Hooff，“Side-Directed communication and Agonistic Interactions in Chimpanzees,” *Behaviour*，Vol. 77，No. 3（1981），pp. 164 - 198。

[3] 参见 Frans de Waal，*Good Natured*：*The Origins of Right and Wrong in Primates and Other Animals*，Cambridge，MA：Harvard University Press，1996。

让冲突双方重归于好。[1]

9.2 灵长类动物的利他心理

基于这些对灵长类动物社会生活的研究，我们不难承认在一些高度社会性的灵长类动物中，的确存在着合作互助和有利于共同体利益的行为。但一个进一步的问题，也是富有争议的问题是，究竟是什么促使它们做出这样的行动？而它们是否又意识到这些行动对他者的影响？这就涉及到道德行为背后的心理机制问题。在行为主义传统的影响下，许多学者出于认知上的俭省性原则（cognitive parsimony），把动物只是处理为对外在刺激的消极接受者，并出于对拟人论（anthropomorphism）的排斥而拒绝用高级的心理能力来解释它们的行为。德·瓦尔则试图突破这种传统的影响，强调演化上的俭省性原则（evolutionary parsimony），这意味着如果具有紧密亲缘关系的物种以相同的方式去行动，那么那些基础性的心理过程也很有可能是相同的。他把拟人论使用为一种具有启发性的工具，有利于得出一些可检验的观点和可重复的观察，而并非简单地把人类的心理投射到动物身上。[2] 他

[1] 参见 Frans de Waal, Angeline van Roosmalen, "Reconciliation and Consolation Among Chimpanzees," *Behavioural Ecology and Sociobiology*, Vol. 5, No. 1 (1979), pp. 55 - 66。

[2] 德·瓦尔本人充分注意到了这两个俭省性原则之间的张力和对拟人论在方法论上的争议，详见 Frans de Waal, "Anthropomorphism and Anthropodenial," in Frans de Waal, Robert Wright, Christine M. （转下页）

特别关注灵长类动物的社会行为中所呈现出的心理能力，发现在动物当中有着比我们以前认识到的更为丰富的情感表达，以及与此相关的个体间能力，而这些都为以前的研究所忽视了。其中最引人注目的部分就是他对共情（empathy）[1] 和同情（sympathy）——这些使道德行为成为可能的最基本的情感性反应——的演化根源的研究。

德·瓦尔把同情理解为共情的一种形式，指的是一个主体能够识别出一个客体在特定情况下的感受和需求。[2] 这种识别在主体身上引发出了相关的情感状态，并驱使主体做出有助于客体的行为，德·瓦尔认为这是驱动利他行为的最直接的情感性反应。而就共情和同情的本质及起源，有一种观点认为共

（接上页）Korsgaard, Philip Kitcher, and Peter Singer, *Primates and Philosophers: How Morality Evolved*, pp. 59 - 67。

[1] “Empathy”一词也被译为“移情”和“同理心”，鉴于德·瓦尔这里主要指的是主体对对象的情感状态的分享、感同身受，且并不必然预设对对对象心理状态的理性认知，所以我们这里将其译为“共情”，强调主体和对象情感状态的与共性。

[2] 德·瓦尔并没有在共情和同情之间做出严格的区分，而许多学者则倾向于将这两者分开讨论，如特蕾西·斯宾拉德（Tracy Spinrad）和南希·艾森伯格（Nancy Eisenberg）就将两者的差别概括为：“同情是一种以他人为导向的情感反应，源自于对他人情感状态的理解，但是并不涉及到与他人感受到相同的情感（或者与他人被期望感受到的情感相同）；相反，同情反映的是为他人感到难过或关切……虽然同情很有可能源自于共情，但是也有可能源自于认知性的换位思考或者运用来自于记忆中的相关信息。”（Tracy Spinrad and Nancy Eisenberg, “Empathy and morality: a developmental psychology perspective,” in Heidi Maibom, ed., *Empathy and Morality*, New York: Oxford University Press, 2014, p. 60）

情是一种认知的能力，其核心要素在于将某种心理状态归属于他者的能力（mental state attribution）和再现他者心理状态的能力（theory of mind，ToM），这些能力在非人类的灵长类动物身上都是不具有的，而是随着在演化上晚近的认知能力出现之后才发展出来的，这也意味着共情与我们同其他灵长类动物共享的本能并没有紧密的关联。而德·瓦尔则提出了与此相反的看法，他认为心理状态归属能力和再现他者心理状态的能力并非是共情的本质，而是一种派生性能力，其根基在于一种自动的情感性反应。

他进而建立起一个俄罗斯套娃模型来解释共情能力的发展结构。这个模型中最核心的“套娃”是一种简单、自动的感知-行动机制（Perception-Action Mechanism，PAM）。所谓 PAM 的典型表现就是“情绪传染（emotional contagion）”，即一个个体接收到他者所传递的情感信号后，其神经系统对其做出自动反应，从而导致出某种行为。比如一只受惩罚的小猕猴发出的尖叫会导致其他小猕猴过来接近它、拥抱它，这种由感知到行为的反应往往是无意识的，就像是条件反射一样，是神经系统的自动反应，它本质上是关注主体自身的，而并非指向客体的。但是，随着能够对自我和他者进行区分，也日益能够理解他者的情感状态究竟是如何产生的，一些高级灵长类动物在 PAM 的基础之上，又发展出了一层“认知性共情（cognitive empathy）”的能力，即第二层套娃。在这个层次上，这些动物能够理解在特定处境中引发他者情感的原因，并有针对性地做出反应。它们的认知能力更为发达，具有了镜像自我意识（mirror self-consciousness），能够做出针对特定对象帮助（targeted helping）和跨物种帮助（cross-species helping）的行为，这些行为也明显具有以他者为导向的特征。

比如，德·瓦尔提到一只大猩猩解救一个人类的婴儿，以及一只黑猩猩帮助它的姑妈获得食物，这类有目标的帮助行为显示出这些灵长类动物不仅知道它们自己的情感和欲望，而且也理解是什么原因引发了他者的情感，并能够以一种特定的方式针对特定的对象做出反应。而对于认知能力更为发达的人类来说，我们具有推断他人心理状态的能力，于是在认知性共情之外又覆盖了一层心理状态的归属，即第三层套娃，在这个层次上，行动者能够完全采用他者的视角，将某种心理状态归属于他者。德·瓦尔之所以要采取套娃模型而不是层级结构来揭示共情的发展过程就是要表明共情不能仅仅等同于最外层最高级的心理状态归属能力，而是涵盖了这三个层次的反应和能力的一个整体。如同脱离了最里层的套娃，外层的套娃势必是空洞的一样，位于外层的认知性共情和心理状态的归属能力是由最核心的 PAM 派生出来的，而且或多或少都折射出 PAM 的影子。这意味着人类的共情能力虽然伴随着高级的认知能力，但是并非完全是一个认知的过程，也不是人类演化史上突然产生的一种能力，而是植根于社会性动物所共有的 PAM。虽然并不是所有的高阶的共情能力都可以还原为直接而自动的 PAM，但是如果没有 PAM，高阶的共情是必然无法发展出来的。[1]

除了共情之外，德·瓦尔还试图表明道德心理的其他要素，如互惠的能力（reciprocity）以及对共同体的关切（community concern）也在其他灵长类动物身上有所表现。如果说他基于分享食物、互惠式的交换行为，论证动物具有互惠式的利他能力还是具有说服力的，那么他对共同体的关切，尤其是其中包含的公平感和社会规则的内化能力的论证则是颇有争议的。例如在卷尾猴如何对待黄瓜和葡萄的分配的实验中，德·瓦尔认为当一只卷尾猴对同伴做同样的事情却获得更好的报酬表示不满时，就表明它对酬劳应该如何分配有一种富有情感的预期，当这种预期没有被满足的时候，它会表现出对不公平分配的愤怒。这极有可能意味着卷尾猴和人类一样拥有社会性情感，这些情感影响着它们如何对付出的劳动和获得的收益做出反应，以及对待他者的态度。当然，就这种实验是否表明卷尾猴具有一种“公平感（sense of fairness）”是受到质疑的，比如有人指出猴子所表现出的不满根本上是以自我为中心的，因为它们并不会对同伴没有获得更好的报酬而感到不满。德·瓦尔本人也意识到这一点，他承认猴子身上这种情感性的预期只是有关于它们自己应该如何被对待，而并不关心他者应该如何被对待，这跟人类强调不偏不倚的公平规则还是有相当差距的。但是德·瓦

[1] 参见 Frans de Waal，“Morally Evolved：Primate Social Instincts，Human Morality，and the Rise and Fall of ‘Veneer Theory’，”，pp. 37 - 40。

尔想要强调的是，人类的这种高级完备的公平感必定有它的起源，而这种以自我为中心的情感反应很有可能是其发源地。[1]虽然论证某些具体的道德心理要素是演化的产物还存在许多困难，但是，认为人类道德心理的基本要素一般而言，具有长期的演化历史还是一个相当合理的观点。因为，毕竟许多与道德相关的人类情感拥有长期的演化历史，而且道德的认知结构也依赖于社会认知的各种要素，而许多这些要素也具有很长的演化历史。[2]

德·瓦尔一个更进一步的想法是，人类道德在演化过程中的产生是个连续的过程，且大致分为三个层次。最基本的层次是道德情感（moral sentiments），例如共情的能力、互助的倾向、公平感等等，这些情感构成了道德的基本心理要素。这些道德情感在灵长类动物的社会生活中都可以找到相应的表达。第二个层次是共同体的关切和社会规则。这可以被看作是从社会性动物到有道德的人的过渡层次，其中的演化机制可以通过亲属选择和互惠利他主义得到解释。德·瓦尔认为这是人类道德演化中的关键一步，在这个层次中，对共同体的关切和社会规约作为社会压力（social pressure），通过奖惩的方式来保障互助性的共同体生活。这一层次的道德在灵长类动物身上也是存

---

[1] 参见 Frans de Waal, “Morally Evolved: Primate Social Instincts, Human Morality, and the Rise and Fall of ‘Veneer Theory’,” pp. 44 - 49。

[2] 对这一点的说明，详见 Edouard Machery and Ron Mallon, “Evolution of Morality,” p. 5。

在的，例如平息争斗的行为，惩罚不守规矩的个体，但是其体系化的程度以及所关切的共同体目标远没有人类复杂。正是在这个层次上，德·瓦尔注意到："我们不只是像猿类那样改善周围的关系，而且还拥有一些明确的教导，倡导社群的价值以及它较之于个人利益所具有的、或应该具有的优先性。人们在所有这些方面都比猿类要走得更远，这是为什么我们有道德体系而猿类没有的原因。"[1] 而道德除了作为外部的社会压力而存在，还可以进一步被行动者完全内化，并反思性地影响到行为判断，这一层次上的道德即是判断与推理（judgment and reasoning）。作为一种最高阶的道德形式，这在人类之外的其他动物身上基本是无法发现的，但是这并不意味着道德推理与人类的社会本能毫无关联，相反，社会交往是道德推理的根基。我们可以设想一个在与世隔绝的环境中长大的人是绝不会具有道德推理的能力的。德·瓦尔强调的是在这个金字塔形的结构中，处于最底层的道德情感是基石，它深深植根于人类的社会本能之中，虽然并不是说有了这些情感道德就一定会产生，但是如果没有这些情感，更高阶的道德形式是无法生发出来的。

9.3 连续性论证中的问题

通过以上三个论题，以德·瓦尔为代表的灵长类动物学家

---

[1] Frans de Waal, "Morally Evolved: Primate Social Instincts, Human Morality, and the Rise and Fall of 'Veneer Theory'," p. 54.

和演化生物学家试图论证动物与人类在道德发展上具有连续性。那么这个论断对我们思考道德的先天性会产生什么样的影响呢？在回答这个问题的时候，我们需要区分这个问题的两个层面，即，一方面是对理解利他行为的先天来源的影响，另一方面是对理解规范性（normativity）的先天来源的影响。

就第一个方面而言，德·瓦尔的工作反驳了被他称之为“贴皮理论（veneer theory）”的利他主义起源论。所谓贴皮理论是这样一种想法：利他主义道德并非是人性所固有的，而只是附着在自私而邪恶的人性内核之外的一层脆弱而虚伪的贴皮。德·瓦尔把赫胥黎看作是这种理论的代表人物，赫胥黎作为“达尔文的斗犬”，坚定地捍卫“物竞天择，适者生存”的自然法则，而在每个个体都为自己的生存而残酷斗争的进化论图景里，赫胥黎看不到利他之心能够自然滋生出来的可能性，因此他在这一点上背离了达尔文，把道德解释为人类理性的伟大胜利，就好像一个园丁，要将如同杂草一般的自私、不道德的天性时时加以压抑和修剪。这种将人类与动物，文化与自然对立起来，把利他主义看作是人类理性选择的产物的观点由来已久。如霍布斯就把人类看作根本上是非社会的甚至反社会的，弗洛伊德把文明看作是对人类自私本性的压抑，理查德·道金斯将自然选择过程中基因层面的自私处理为普遍的人性。德·瓦尔的研究表明，这种对人类利他主义道德起源的描述很大程度上是缺乏根据的猜测，并解释了为什么即便有强有力的科学理由预设自私是自然选择的首要机制，但利他主义的产生并不神秘，仍旧在人性之中有其进化论的起源。

一些哲学家对此做出了回应，康德主义者科斯嘉德虽然和德·瓦尔一样并不接受道德的贴皮理论，但是在她看来，贴皮理论本身就是非常没有吸引力，在哲学上完全站不住脚的。贴皮理论把利他主义道德看作是人类为了追求自我利益而不得已接受的束缚，用康德主义的话语来说，这意味着他人只是被当作实现自我利益的手段来使用，而从未被当作目的本身来尊重。科斯嘉德说虽然我们很难总是能够做到把他人当作目的本身来尊重，但是要是设想一个人从不把他人当作目的、而且也从不期望别人会把自己当作目的本身来尊重是更加困难的，甚至也是很荒唐的。

那么贴皮理论是不是如科斯嘉德所说的如此不堪一击呢？我们可以设想贴皮理论者可以做出这样的回应：表面上看来人类似乎可以做到把他人当作目的而不仅仅是手段，并牺牲自己的利益以帮助他人，甚至我们在动物界中也能找到很多自我牺牲的利他行为，但是这些做法归根到底还是服务于自我利益的。也就是说，利他的行为并不一定意味着利他的动机。那么究竟什么是利他的动机？为了说明这个问题，我们有必要引入基彻（Philip Kitcher）在生物利他主义和心理利他主义之间所做出的区分。[1] 正如我们在第一章中已经讨论过的，所谓生物利他主义是与行为者的意向、动机无关的，它只意味着有机体 A 对

---

[1] 参见 Philip Kitcher，“Biology and Ethics，” pp. 166 - 170。

B 做出的行为是以损害自身的繁衍利益为代价去促进 B 的繁衍利益，这种行为在生物圈中比比皆是，例如土拨鼠会冒着生命危险警示同伴有老鹰来临等等。进化生物学家一般诉诸亲属选择和互惠利他主义来解释这种现象为什么在残酷的生存竞争中会成为可能：当受惠者是亲属的时候，由于受惠者与施惠者分享着相似的基因，因此施惠者在繁衍利益上所受到的损失会通过受惠者在繁衍利益上的提升得到补偿，甚至最终获得更大的繁衍利益；当受惠者并非亲属的时候，在成员之间有频繁接触的团体之中，互惠式的利他行为虽然是以繁衍利益的一定损失为代价的，但是在长期的交往中，这种行为模式能够提升施惠者的繁衍利益，这一点也为在解决囚徒困境中建立起来的“以牙还牙”式的合作策略（TFT）所支持。借助于亲属选择和互惠利他主义，我们可以看到生物利他主义虽然看似与演化原则相矛盾，但是实际上却是受到自然选择青睐的行为方式。

然而，表明生物利他主义是存在的，而且是有进化优势的，并没有真正消除贴皮理论者的疑虑。因为，他们完全有理由说，这两种机制恰好说明任何利他的行为最终都是为了促进自我利益，因此并非是真正的利他主义，而纯粹为了促进他人利益的利他行为仍旧是不可能的。这里所说的真正的利他主义被基彻归纳为这样一种心理利他主义，即 A 能够根据对 B 的欲望和意图的评价来调试自己的欲望和计划，经过这种调试，A 所具有的欲望、计划和意图是有利于 B 去实现他的欲望和计划的。更重要的是这种调试必须是 A 根据他对 B 的处境的感知而做出，而不是说这种经过调试的态度有利于实现 A 自己在调试前的目标。贴皮理论者会说在这个调试的过程中，A 不可避免地总会期待实现自己调试前的目标，不管他自己是否意识到，这种期待总是潜存的。如果贴皮理论者在这一点上是对的，那么康德所说的把他人当作目的本身去尊重，以及出于义务而不仅仅是符合义务的行动对于人类这种生物来说可能只是一种幻觉和不切实际的期望。德・瓦尔的工作的意义就在于他提供了丰富的案例表明一些灵长类动物能够根据对他者需要的感知来调试自己的行为和意图，而且在这样做的时候它们并没有多少可能从中获得好处，例如在没有其他群体成员关注的情况下去帮助那些老弱的、并不具有合作可能的个体。这些案例表明与我们的祖先最具亲缘关系的这些灵长类动物绝不是彻底的利己主义者，它们具有实现心理利他主义的能力，而且我们也有理由设想人类的祖先也分享着这种在演化上古老的心理能力。从这个意义上看，德・瓦尔的工作就反驳了把人性看作是完全自私的贴皮理论。科斯嘉德对贴皮理论的拒斥是过于简单的，德・瓦尔关于心理利他主义对人类而言的可能性所做的工作是应该值得重视的。

但是对于一个并不死心的贴皮理论者来说，他或许愿意放弃德・瓦尔和科斯嘉德所批评的这种强的意义上的贴皮理论，承认心理利他主义在人类的社会本能中是有演化基础的，但是他会进一步质疑这种心理能力究竟有多强。正如彼得・辛格（Peter Singer）对德・瓦尔所做出的评论：“问题主要并不在于我们是否接受道德的贴皮理论，而在于道德有多少是贴皮，又有多少是根深蒂固的结构。认为全部道德都只是附着在根本上是个人主义的、自私的人性外部的一层贴皮，显然是错误的。但是超越了我们自己的团体，并且对所有人表现出不偏不倚的关切的道德也很有可能被看作是一层贴皮，它覆盖在我们与其他社会性的哺乳动物所共享的本性之上。”[1] 也就是说，虽然某些灵长类动物具有使得心理利他主义成为可能的那些心理机制，但是德·瓦尔的研究也表明这种心理机制的强度、广度和范围在灵长类动物当中都是非常有限的，是随时都有可能被自我利益所压倒的，那么它与我们人类道德所特有的规范性特征究竟有多大的相关性呢?

也正是在这一点上，德·瓦尔的第三个论题，即人类与动物在道德上具有进化上的连续性命题遭到了质疑。例如，科斯嘉德就指出道德是一种规范性，这种规范性源于自我施加的制约，或者用康德的话说就是自主性。更具体地说，我们人类能够脱离纯粹个人的观点从一种第三人称的观点来反思我们的一阶欲望和冲动，然后对我们应该做什么得出一个理性的决定，再按照这种决定来行动。在这个意义上说，即便我们出于某种欲望而行动，我们并非为自己的欲望所必然化，而是我们选择受到那种欲望的驱使。相反，动物——哪怕是有智慧的灵长类

[1] Peter Singer, “Morality, Reason, and the Rights of Animals,” in Frans de Waal, Robert Wright, Christine M. Korsgaard, Philip Kitcher, and Peter Singer, *Primates and Philosophers: How Morality Evolved*, p. 151.

动物——由于缺乏反思性的自我意识，只能出于他们最强烈的欲望而行动。科斯嘉德基于在人类行动和动物行为之间的这种区分，强调人类和动物在道德上并不具有连续性，并站在道德是反思地加以确认、且是自我施加的这个立场上，捍卫人类道德的独特性。[1]

由于德·瓦尔本人事实上也充分认识到人与动物在道德上的差异性，也承认就道德的最高层次，即做出道德判断和推理并有意识地使用规范性原则指导并约束行动的能力，在动物身上是不具备的，因此，科斯嘉德的批评最好被理解为：如果人类与动物在道德上具有演化上的连续性，那么人类道德的关键性特征——理解道德规则并做出规范性道德判断的能力——是如何演化而来的？虽然德·瓦尔解释了规范性得以可能的基本心理要素在人类演化历程中的根源，但是这些要素也可以是构成一个非道德的甚至是不道德的社会的要素。这就说明在从灵长类动物到人类之间还存在着一个德·瓦尔尚未充分解释的演化步骤，也表明当他试图从道德心理的基本要素是演化的产物过渡到道德的规范性特征也是演化的产物时存在着跳跃。

面对这样一个问题，哲学家们有着不同的态度。有人试图帮助德·瓦尔填补这个论证上的缺陷，从演化的角度表明规范

---

[1] 参见 Christine Korsgaard, "Morality and the Distinctiveness of Human Action," in Frans de Waal, Robert Wright, Christine M. Korsgaard, Philip Kitcher, and Peter Singer, *Primates and Philosophers: How Morality Evolved*, pp. 98 – 119。

性的起源。如基彻就试图通过语言能力的演化和文化演化（cultural evolution）的概念来设想规范性在人类历史中的出现进程。[1] 在这个图景中，规范性发展的第一阶段是早期人类在结盟博弈的背景下出现的脆弱的心理利他主义。这个阶段的社会结构与现在的黑猩猩和倭黑猩猩很相似，相对弱小者无法靠自己的力量在资源竞争中胜出，于是开始与自己有着类似窘境的个体结成联盟，合作互惠，这对于它们来说是具有选择优势的。这种与他人合作的心理倾向，拓展了由亲缘选择发展起来的生物利他主义的简单形式，使得一些相对松散的结盟在群体中逐渐形成。但是，这种合作倾向是有限的，而且也并不稳定，时常被强大的利己动机所压倒，这就使得那些松散的结盟总是存在分崩离析并失去合作优势的危险。为了应对这种危险，各种调解活动就成为必要，比如，黑猩猩的社会中，群体成员将远超于卫生需要的时间和精力投入到相互梳理毛发的行为，就是为了巩固彼此的结盟关系。在这种调解成本高昂的条件下，合作的规模和范围都是极其有限的。

根据基彻的设想，下一阶段是通过演化出一种规范性指导的能力（normative guidance），来过渡到有更广泛合作行为的大型群体。随着语言能力和反应性情感——如愧疚和怨恨的心理

---

[1] 参见 Philip Kitcher, “Ethics and Evolution: How to Get Here from There,” in Frans de Waal, Robert Wright, Christine M. Korsgaard, Philip Kitcher, and Peter Singer, *Primates and Philosophers: How Morality Evolved*, pp. 136 – 139。

反应——的发展，以及促进并强化群体忠诚与合作的规则和社会实践的推进，一种新的心理机制，即规范性指导的能力出现了。这种规范性指导包括一种强烈的义务感和遵守社会规范的倾向，具有这些倾向的人连贯一致地出于这些利他倾向而行动，从而获得好的声望并有可能参与到更广泛的合作中去。这种能力强化了之前的不稳定的利他倾向，并促进了大规模社会合作的稳定性。在最后一个阶段，原始道德中的规则和反应性情感会在文化演化的历程中，发展出更复杂的道德信念、实践和机制。也就是说，虽然人类和黑猩猩的利他行为和心理倾向之间存在着发展上的连续性，即分享着人类道德成为可能的一些重要的心理机制，但是在这两者之间仍旧有着重要的演化步骤需要加以填补，如规范性指导的能力、自我控制的能力、表达并讨论道德问题的能力，以及数万年的文化演化的进程。

此外，也有人质疑人类所具有的高阶的道德认知能力能够被恰当地描述为是自然选择的产物，如彼得·雷尔顿（Peter Railton）就指出，试图在我们非人类的祖先那里找到一种“原始道德（proto-morality）”是不现实也不必要的。在他看来，德·瓦尔已经表明我们从前语言时代的动物祖先那里继承了起码的感知、认知和动机能力，那么一旦它们同我们的表征、推理和交流能力结合起来，规范性的认知和行动能力就成为可能，而如果能够说明这一点其实就足够了。正如，虽然自然选择本身没有在我们祖先当中植入为了追求真理而追求真理的热望，但我们还是可以合理地设想人类知识论的产生一样，虽然自然选择本身没有在我们祖先身上植入一种原始的正义感、公平感和不偏不倚性等等，但这并不意味着具有不偏倚性的反思性的人类道德就不可能产生。[1] 这些争论都表明，要说明理解道德规则并做出道德判断的能力也是演化的产物是一个困难而有争议的工作，德·瓦尔试图利用第一个层面的研究成果论证第三个层面的论题是存在问题的。

综上所述，在有进一步的证据之前，我们很难得出灵长类动物具有做出规范性的道德判断或者出于道德的动机而行动的能力。但是，先天论者可能反驳说，这并不排除灵长类动物做出原始形态的道德判断的可能性。确实，根据以上灵长类动物的研究证据，我们可以承认人类做出道德判断的一些心理要素在促使灵长类动物做出互惠利他行为的心理机制中具有同源物。我们也可以承认人类在互惠利他上的一些生物倾向为人类形成个体间行为的道德态度奠定了基础，而人类在合作上的生物倾向又被通过文化教导、灌输而来的道德态度所强化。这些的确表明研究其他物种确实有助于我们对人类道德的理解。但是通过以上对规范性的本质和利他主义的本质的阐述，我们也应该看到：其他物种与人类重合的那些心理机制并不足以支持任何形式的道德先天论观点。道德化的过程确实立足于我们与灵长

[1] 参见 Peter Railton, “Darwinian Building Blocks,” in Leonard D. Katz, ed., *Evolutionary Origins of Morality: Cross-Disciplinary Perspectives*, Bowling Green, OH: Imprint Academic, 2000, pp. 55 - 60。

类动物共享的一些心理资源，但是这些资源无法在规范性意义上被看作是道德的。因此灵长类动物的利他主义无法充分建立起道德是先天的观点。

10. 结语

在前面几章中，我们区分了情感主义理论的不同层面，并指出在解释性的情感主义层面，基于当代道德心理学、认知科学、神经科学的研究对道德判断的形成机制做出的情感主义解释与传统的道德感理论是一脉相承的，并分享了道德先天论的立场。但是同时我们也看到，道德先天论的经验证据在目前看来并不充分，用以支持先天论的证据同样也可以做出非先天论的解释。那么我们是否可能既坚持对道德判断的情感主义解释，同时又不诉诸进化论相关联的道德先天论立场呢？作为本书的结尾，我们将简单介绍在这个思路上的两种理论尝试，即尼科尔斯提出的情感规则论模型和普林茨提出的情感构成论模型（emotional constitution model）。

尼科尔斯的情感规则理论对道德判断的形成机制及其本质都做出了情感主义式的解释。他将道德判断中的主要类别称之为核心道德判断（core moral judgments），指的是那些特别与伤害相关的判断。[1] 他认为通常意义上的核心道德判断包括两个关键要素：禁止伤害他人的规范性理论和由他人伤痛所激活的情感反应。规范性理论指明了规则，而情感则决定了这些规则的性质，给予规则以驱动性的力量。在道德判断的形成机制上，尼科尔斯认为核心道德判断典型地来说，是由情感和推理相结合而产生的，但是同样也存在由情感或推理单独产生的情形。由此可以看到，他与海特的社会直觉主义模型不同，他将情感和推理都接受为道德判断的来源。

情感规则理论最体现其情感主义特征的地方在于对道德判断的本质的看法上，它并不认为道德判断的本质是由其理性要素所规定的。作为道德判断理性要素的规范性理论所指明的道德规则与其他类型的规则，如习俗规则相比，具有独特的功能性角色，这些特征包括：我们通常把道德规则看作是更为严肃的、独立于权威的，并且是诉诸受害者的痛苦而得到辩护的。而这些特征都是来自支撑起这些规则的情感反应。我们对受害者的关切使我们对涉及伤害的行为做出的判断充满了情感，这既影响到我们的辩护模式也影响了我们对道德规则严肃性的感知。情感也引导我们感受到道德判断在某种意义上是独立于权威的。例如，即便权威批准了残酷的行为，但是这种行为还是让我们觉得是错的。因此，对尼科尔斯来说，道德判断的独特

[1] 参见 Shaun Nichols, *Sentimental Rules: On the Natural Foundations of Moral Judgment*, Oxford: Oxford University Press, 2004, p. 5。

作用根本上取决于情感。即便人们可以做出一个没有情感的道德判断，但是这并不是一个正常意义上的道德判断，而且很有可能是病态的判断，因为它缺乏道德判断的典型功能。因此，尼科尔斯认为道德判断的本质在于情感，情感是道德判断的必要成分，如果缺乏情感的话，我们就不会做出同样的道德判断。

不过，值得注意的是，尼科尔斯并不认为道德判断没有情感在概念上就是不可能的，规范性理论的要素可以在情感缺失的时候发挥功能，只是说这样的道德判断是不正常的、病态的。在这一点上，他关于情感的作用的观点可以被看作是一种对道德判断的因果解释，而并非是一种概念上的规定，这意味着道德判断可以伴随着情感发生，而且在这种情况下，情感显著影响了道德判断的功能特征，使得道德判断成为一种非常独特的判断，即由情感支持的判断。这个想法可以更细致地总结成："当情感在道德判断的语境下产生的时候，情感在因果关系上影响了这些判断的功能性角色，以至于要是缺乏这些情感的话，这些判断就会变成完全不同的类型，从这个意义上说，情感对于道德判断来说是必要的。"[1]

这个模型和我们之前讨论过的诉诸演化的情感主义进路有所不同。尼科尔斯一方面承认他所讨论的情感反应很有可能具有演化上的起源。这些情感反应主要是指情感传染、个人化的不安和关切，在尼科尔斯看来，它们都不要求复杂的读心能力。

---

[1] Jesse Prinz and Shaun Nichols, "Moral Emotions," in John Doris and the Moral Psychology Research Group, *The Moral Psychology Handbook*, p. 117.

前两种反应可以被诸如哭泣这样认知上较低级的信号所触发。关切虽然要求一定程度的读心能力，但也仅仅只是认定他人痛苦的极小的读心能力。结合上一章中我们讨论过的德·瓦尔对灵长类动物的共情能力的研究成果，确实可以看到某些和人类在基因谱系上最为接近的高阶灵长类动物对同类的不安信号具有很高的敏感性。但是，尼科尔斯认为，从这些数据中并不清楚究竟是哪种机制在这些灵长类动物身上发挥作用，也还无法判定这些动物究竟是否具有他者心理状态的认定能力并基于此对他者产生关切。而他之所以有这种质疑就在于对这些情感机制做出演化功能的解释尚缺乏比较性的数据，尤其是具有这些情感机制和缺乏这些机制的动物之间的比较研究，并由此鉴定出这些机制在演化上的特殊功能。因此，虽然有证据表明许多物种的确能够对同类的不安做出反应，但是要对这种情感反应做出演化的解释还需要首先回答诸如此类的问题：社会性动物和非社会性动物在对同类的痛苦做出情感反应上的差别是什么，这些情感反应的丰富性和社会性的程度是否相关，这些情感反应是否和性别角色、社会角色相关等等。如果这些基础性的问题得不到回答的话，虽然这些情感反应很有可能存在演化上的前身，但是对它们做出演化功能的解释就还为时过早。出于这个原因，尼科尔斯对刻画这些机制采取了描述性的进路，而不是演化心理学的进路。[1]

[1] Shaun Nichols, *Sentimental Rules: On the Natural Foundations of Moral Judgment*, pp. 60 - 62.

另一种模型是普林茨提出的理解道德判断的“情感构成论模型”。根据这种模型，典型的道德概念，如道德上的正确与错误都包含着情感因素，正如“有趣”这个概念包含着“令人愉快”的心理反应一样，当我们应用这些道德概念的时候，我们也做出了一种情感反应。我们通过引人发笑来判断一个玩笑是有趣的，同样，我们通过感到愤怒来判断某件事情是不道德的。因此，情感构成论模型虽然也认为情感是道德判断的本质，但是与情感规则模型的不同之处在于，它认为情感对于道德判断来说是必要的，是根本的构成性要素：道德判断是包含着情感状态的心理状态，而且一个判断如果缺乏情感状态的话就没有资格被称为道德判断。

结合普林茨的反先天论立场，我们可以看到，他在建立对道德判断的情感主义解释的时候并没有在根本上诉诸演化理论，即并不需要预设一个先天具有的特殊的道德官能来解释人类做出道德判断的能力。道德感，这种在古典情感主义者看来的秘密官能，在普林茨看来就是一种感受能力，当然演化的力量在塑造我们的基本情感上发挥了重要作用，但却并非是这个过程中唯一的压倒性力量，普林茨在建立起对情感的感受论解释时就强调文化对于我们的情感表达、识别以及交流方式的决定性影响。所以，虽然他的情感构成论模型和我们前面讨论过的社会直觉主义模型、双重进程模型同样都强调情感是引发道德判断的重要源泉，但是他并没有将这一源泉最终追溯至演化上的适应性功能。

这两种对道德判断的来源和本质做出的情感主义式的解释都注意到了和经验证据之间的相容性，可以说，目前的经验研究对于这两种模型来说都是开放的。我们的目的不是评判哪种模型更好，而是想指出它们都分享着一个关键的特征，即它们都认为情感一般来说在做出道德判断的语境中都是出现的，对于道德判断的产生具有因果意义上的重要性，对于区别道德判断和其他类型的规范性判断来说也是根本性的。这两种模型更多地依赖于发展心理学、病态心理学、文化人类学上的研究证据，而对进化生物学、进化心理学的结论则抱有更为审慎的态度，在诉诸演化的情感主义解释模型之外创造了新的理论可能性。我们也期望在这些理论进路上，通过综合多方面的经验研究，对情感机制做出更为厚实的理解，并对情感与理性在产生道德判断的过程中的迭代互动做出更具整全性的解释。

最后，我们来对本书所讨论的问题做一个回顾性的总结。道德哲学和进化论的结合是最近几十年出现在伦理学研究中的一种颇有活力的趋势。而在西方现代道德哲学的传统中，在康德的《道德形而上学奠基》的影响下，哲学家们倾向于把经验上的东西都归于“他律”的领域，与具有先验性、普遍性和不偏不倚性的道德法则是无关的。这一倾向因摩尔在二十世纪初提出的“自然主义谬误”而得到了加强，伦理学家们普遍相信经验科学与道德哲学和一般的道德信念是不相关的。这种情况直到上世纪九十年代才开始有所改变，一些哲学家开始在进化生物学、认知心理学中发掘哲学上的启示。而一些具有哲学眼光的生物学家也开始拓展有关人类心智的经验研究的哲学意义。他们认为目前的演化理论、认知科学和心理学对人类心灵是如何起作用这一问题已经给出了一些经验上的解释，而哲学思辨应该关注到这些经验解释的力量，并且受到这些解释的约束。在这样的背景下，从达尔文《物种起源》发表之后就兴起的进化论伦理学的研究在几经沉浮之后又再度兴起。这一研究旨在对人类道德的起源和本质做出演化的解释，并试图由此衍生出规范性层面和形而上学层面的意义。

本书正是在这种伦理学与进化论联姻的视角下，聚焦于人类道德最独特也是最根本的一种能力——道德判断的能力，探究道德判断的形成机制及其本质，以及做出道德判断所涉及的心理能力。这一工作首先是建立在梳理进化论伦理学纵向层面的历史发展脉络，以及横向层面的不同维度的基础之上的。概括来说，进化论伦理学对人类道德判断的探究分别是在描述性、规范性和形而上学这三个方向上展开的，通过对从达尔文以来的进化论伦理学的发展历程的梳理，我们可以看到传统的达尔文主义者大多关注于前两个层面，尤其是试图将道德解释为演化的产物，并进一步为人们应当如何生活提供规范性的指导。但是这种进路由于不合理地跨越了“是”与“应当”之间的界限，而日益受到诟病。相比之下，一种以描述性的研究为基础并向元伦理学层面拓展的进路则受到了更多关注和讨论。这条进路诉诸演化理论来理解人类的心理能力，尤其是情感能力和认知能力，并在此基础上，结合神经科学、认知心理学的研究成果对道德判断的发生机制和本质做出解释，并以此支持某种元伦理学的立场。

在这条进路上，一种突出的趋势是认为情感在道德判断的形成过程中起到了主导性的作用，道德判断在大多数情况下，本质上是情感反应的产物，推理机制只是起到事后辩护的作用。我们在厘清了道德判断的基本特征，以及解释道德判断形成机制的理性主义和情感主义之争的基础上，分别考察了这种趋势的两种代表性学说，即海特的社会直觉主义模型和格林的双重进程模型，以及它们所遭遇的批评。这两种模型虽然存在一些重要的差别，但是它们都把情感处理为快速的直觉反应，并诉诸演化理论来解释这些情感的起源，它们都倾向于将情感理解为在人类演化过程中，针对特定的环境压力而形成的适应性产物，并通过把情感看作是一种演化的产物，承诺了对道德判断能力的先天论解释。

为了准确地理解情感之于道德判断的重要性，我们分别探讨了情感的本质和道德先天论的问题。通过呈现情感现象的复杂性，我们看到，情感具有理性的层面，即它是具有意向性的，指向那些对我们的生活具有重要性的事物，可以用理由来加以辩护，也可以用恰当性来加以衡量；情感也具有感受性的层面，即它总是与某些特定的身体上的感受相关的，也具有驱使我们做出某些特定行为的力量。无论是理解情感的判断论模型还是感受论模型，都需要充分考虑情感这种心理现象的复杂性，对它的理性维度和具身性维度做出解释。而强调感受性的特征对于情感的根本重要性也并不意味着我们就必须把情感理解为是演化的产物。从这种考察中我们也可以看到海特和格林将情感界定为一种与推理进程相对的、快速的、不需付出认知努力的、不受意识控制的直觉进程，并没有充分考虑到情感本质的丰富性和复杂性。

在厘清了情感的本质之后，我们转入对先天论问题的探讨。在区分了情感主义理论的不同层面的基础上，我们可以看到，在解释性的情感主义层面，基于当代道德心理学、认知科学、神经科学的研究对道德判断的形成机制做出的情感主义解释与传统的道德感理论是一脉相承的，并分享了道德先天论的立场。对支持道德先天论的三种论证，即道德规则先天论、道德能力先天论，以及动物与人类在道德发展上的连续性论证的考察表明，道德先天论的经验证据在目前看来并不充分，用以支持先天论的证据同样也可以做出非先天论的解释。

在这些讨论之余，我们也展望了既坚持对道德判断的情感主义解释，同时又不诉诸基于进化论的道德先天论的可能性。通过对尼科尔斯的情感规则论和普林茨的情感构成论的简单介绍，我们可以看到建构情感主义解释的其他方向。这些方向上的尝试也揭示出，演化虽然赋予了我们一些基本的情感倾向，也在我们的某些道德思考、情感和行为中扮演了重要角色。但是认为人类的情感就是演化的产物，还是有失偏颇的，强调情感在道德判断中的作用也并不必然像早期的情感主义者那样预设道德先天论的观点，我们可以借助于心理学、神经科学、文化人类学上的多种研究证据，尝试对情感机制做出更为厚实的理解，并对情感与理性在产生道德判断的过程中的迭代互动做出更具整全性的解释，也为基于这种解释发展出一些元伦理学上的观点奠定更为坚实的基础。

参考文献

曹洪军:《乔纳森·海特之道德基础理论评析》,《伦理学研究》2015 年第 1 期。
查尔斯·达尔文:《物种起源》,苗德岁译,南京:译林出版社,2018 年。
陈真:《何为情感理性》,《道德与文明》2018 年第 2 期。
程炼:《进化论与伦理学的三层牵涉》,《道德与文明》2011 年第 2 期。
方德志:《西方道德情感哲学的发展进程——从近代到现当代的逻辑勾连》,《道德与文明》2018 年第 6 期。
贾新奇:《论乔纳森·海特的社会直觉主义理论》,《道德与文明》2010 年第 6 期。
罗跃嘉、李万清、彭家欣、刘超:《道德判断的认知神经机制》,《西南大学学报》(社会科学版) 2013 年第 3 期。
米丹:《生物学对道德的挑战:关于自然主义道德观的争论——基于生物学哲学文献的研究》,《自然辩证法通讯》2018 年第 8 期。
苗德岁:《译名刍议》,查尔斯·达尔文:《物种起源》,苗德岁译,南京:译林出版社,2018 年,第 513–515 页。
沈汪兵、刘昌:《道德判断:理性还是非理性的?——来自认知神经科学的研究》,《心理科学》2010 年第 4 期。
舒远招:《西方进化伦理学的哲学收获和界限》,《哲学动态》2008 年第 9 期。
王翠艳,刘昌:《杏仁核情绪功能偏侧化的成像研究评述》,《心理科学进展》2007 年第 2 期。
王巍:《进化与伦理中的后达尔文式康德主义》,《哲学研究》2011 年第 7 期。
徐平、迟毓凯:《道德判断的社会直觉模型述评》,《心理科学》2007 年第 2 期。
徐向东:《进化伦理学与道德规范性》,《道德与文明》2016 年第 5 期。
徐向东:《理由与道德》,北京:北京大学出版社,2019 年。

张子夏:《进化揭露论证及其核心挑战》,《道德与文明》2016 年第 5 期。
张子夏:《进化与道德》,上海:上海三联书店,2019 年。
朱菁:《认知科学的实验研究表明道义论哲学是错误的吗?——评加西华·格林对康德伦理学的攻击》,《学术月刊》2013 年第 1 期。
Alexander, Richard, *The Biology of Moral Systems*, New York: Routledge, 1987/2017.
Allman, John and Jim Woodward, "What Are Moral Intuitions and Why Should We Care about Them? A Neurobiological Perspective," *Philosophical Issues*, Vol. 18, No. 1 (2008), pp. 164 - 185.
Bales, Eugene, "Act-Utilitarianism: Account of Right-Making Characteristics or Decision-Making Procedure? " *American Philosophical Quarterly*, Vol. 9, No. 3 (1971), pp. 257 - 265.
Berker, Selim, "The Normative Insignificance of Neuroscience," *Philosophy & Public Affairs*, Vol. 37, No. 4 (2009), pp. 293 - 329.
Blair, R. J. R, "A Cognitive Developmental Approach to Morality: Investigating the Psychopath," *Cognition*, Vol. 57 (1995), pp. 1 - 29.
Boehm, Christopher, *Hierarchy in the Forest: The Evolution of Egalitarian Behavior*, Cambridge, MA: Harvard University Press, 1999.
Brown, Donald E., *Human Universals*, New York: McGraw-Hill, 1991.
Cannon, Walter, *Bodily Changes in Pain, Hunger, Fear and Rage: An Account of Recent Researches into the Function of Emotional Excitement*, New York: Appleton & Company, 1929.
Carey, Benedict, "Blind, Yet Seeing: The Brain's Subconscious Visual Sense," *The New York Times*, December 22, 2008.
Casebeer, William, *Natural Ethical Facts: Evolution, Connectionism, and Moral Cognition*, Cambridge: MIT Press, 2003.
Clifford, William Kingdon, *lectures and Essays by the Late William Kingdon Clifford, the Third Edition.* Leslie Stephen and Frederick Pollock, eds., London: Macmillan, 1901。
Coplan, Amy, "Understanding Empathy: Its Features and Effects," in Amy Coplan and Peter Goldie, eds., *Empathy: Philosophical and Psychological Perspectives*, Oxford: Oxford University Press, 2011, pp. 3 - 18.
Crain, Stephen and Mineharu Nakayama, "Structure dependence in grammar formation," *Language*, Vol. 63 (1987), pp. 522 - 543.
Cummins, Denise D., "Evidence for the Innateness of Deontic Reasoning", *Mind & Language*, Vol. 11, No. 2 (1996), pp. 160 - 190.
D'Arms, Justin and Daniel Jacobson, "The Significance of Recalcitrant Emotion (or, Anti-quasijudgmentalism)," *Royal Institute of Philosophy Supplement*, Vol. 52 (2003), pp. 127 - 145.

Darwall, Stephen, "Getting Moral Wrongness into the Picture," in S. Mathew Liao, ed., *Moral Brains: The Neuroscience of Morality*, New York: Oxford University Press, 2016, pp. 159–160.

Darwin, Charles, *The Descent of Man, and Selection in Relation to Sex*, London: Penguin Books, 1879/2004.

Darwin, Charles, *The Expression ofthe Emotions in Man and Animals*, Francis Darwin, ed., New York: Cambridge University Press, 1890/2009.

Dawkins, Richard, *The Selfish Gene*, Oxford: Oxford University Press, 2006.

Dawkins, Richard, *The God Delusion*, New York: Houghton Mifflin, 2006.

de Sousa, Ronald, *The Rationality of Emotion*, Cambridge, MA: MIT Press, 1987.

de Waal, Frans, *Good Natured: The Origins of Right and Wrong in Primates and Other Animals*, Cambridge, MA: Harvard University Press, 1996.

de Waal, Frans, "Morally Evolved: Primate Social Instincts, Human Morality, and the Rise and Fall of 'Veneer Theory'," in Frans de Waal, Robert Wright, Christine M. Korsgaard, Philip Kitcher, and Peter Singer, *Primates and Philosophers: How Morality Evolved*, New Jersey: Princeton University Press, 2006, pp. 1–58.

de Waal, Frans, "Anthropomorphism and Anthropodenial," in Frans de Waal, Robert Wright, Christine M. Korsgaard, Philip Kitcher, and Peter Singer, *Primates and Philosophers: How Morality Evolved*, New Jersey: Princeton University Press, 2006, pp. 59–67.

de Waal, Frans and Lesleigh M. Luttrell, "The Formal Hierarchy of Rhesus macaques: An Investigation of the Bare-teeth Display," *American Journal of Primatology*, Vol. 9, No. 2 (1985), pp. 73–85.

de Waal, Frans and Jan A. R. A. M van Hooff, "Side-Directed communication and Agonistic Interactions in Chimpanzees," *Behaviour*, Vol. 77, No. 3 (1981), pp. 164–198.

de Waal, Frans and Angeline van Roosmalen, "Reconciliation and Consolation Among Chimpanzees," *Behavioural Ecology and Sociobiology*, Vol. 5, No. 1 (1979), pp. 55–66.

de Waal, Frans and Deborah Yoshihara, "Reconciliation and Redirected Affection in Rhesus Monkeys," *Behaviour*, Vol. 85 (1983), pp. 224–241.

Deigh, John, "Concepts of Emotions in Modern Philosophy and Psychology," in Peter Goldie, ed., *The Oxford Handbook of Philosophy of Emotion*, Oxford: Oxford University Press, 2009, pp. 17–40.

Farber, Paul Lawrence, *The Temptation of Evolutionary Ethics*, Berkeley and Los Angeles: University of California Press, 1998.

Fehr, Ernest and Simon Gachter, "Altruistic Punishment in Humans," *Nature*,

Vol. 415 (2002), pp. 137 - 140.

Fine, Cordelia, "Is the Emotional Dog Wagging its Rational Tail, or Chasing it? Reason in Moral Judgment," *Philosophical Explorations*, Vol. 9, No. 1 (2006), pp. 83 - 98.

Flack, Jessica and Frans de Waal, " 'Any Animal Whatever': Darwinian Building Blocks of Morality in Monkeys and Apes," in Leonard D. Katz, ed., *Evolutionary Origins of Morality: Cross-Disciplinary Perspectives*, Bowling Green, OH: Imprint Academic, 2000, pp. 1 - 29.

Foot, Philipa, "The Problem of Abortion and the Doctrine of Double Effect," in Philipa Foot, *Virtues and Vices: And Other Essays in Moral Philosophy*, Clarendon Press, 1967, pp. 19 - 32.

Edgerton, Robert, *Sick Societies: Challenging the Myth of Primitive Harmony*, New York: Free Press, 1992.

Ekman, Paul, "Basic Emotions," in Tim Dalgleish and Mick J. Power, eds., *Handbook of Cognition and Emotion*, Chichester: John Wiley & Sons, 1999, pp. 45 - 60.

Ekman, Paul, and Daniel Cordaro, "What is Meant by Calling Emotion Basic," *Emotion Review*, Vol. 3, No. 4 (2011), pp. 364 - 370.

Esteves, Francisco, Christina Parra, Ulf Dimberg, and Arne Öhman, "Nonconscious Associative Learning: Pavlovian Conditioning of Skin Conductance Responses to Masked Fear-relevant facial stimuli," *Psychophysiology*, Vol. 31 (1994), pp. 375 - 385.

Fine, Cordelia, "Is the Emotional Dog Wagging its Rational Tail, or Chasing it? Reason in Moral Judgment," *Philosophical Explorations*, Vol. 9, No. 1 (2006), pp. 83 - 98.

FitzPatrick, William, "Debunking Evolutionary Debunking of Ethical Realism," *Philosophical Studies*, Vol. 172 (2014), pp. 883 - 904.

FitzPatrick, William, "Morality and Evolutionary Biology," The Stanford Encyclopedia of Philosophy, Edward N. Zalta, ed., URL = http: //plato. stanford. edu/archives/spr2016/entries/morality-biology/, 2016

Foot, Philippa, "The Problem of Abortion and the Doctrine of Double Effect," in Philippa Foot, *Virtues and Vices: And Other Essays in Moral Philosophy*, Clarendon Press, 1967, pp. 19 - 32.

Ghiselin, Michael, *The Economy of Nature and the Evolution of Sex*, Berkeley: University of California Press, 1974.

Goldie, Peter, *The Emotions: A Philosophical Explorations*, Oxford: Oxford University Press, 2000.

Goldie, Peter, "Emotion," *Philosophy Compass*, Vol. 2, No. 6 (2007), pp. 928 - 938.

Goldman, Alvin, "Two Routes to Empathy: Insights from Cognitive Neuroscience," in Amy Coplan and Peter Goldie, eds., *Empathy: Philosophical and Psychological Perspectives*, Oxford University Press, 2011.

Goodall, Jane, *The Chimpanzees of Gombe: Patterns of Behavior*, Cambridge, MA: Belknap Press, 1986.

Gould, Stephen Jay, "On Replacing the Idea of Progress with an Operational Notion of Directionality," in M. H. Nitecki, ed., *Evolutionary Progress*, Chicago: University of Chicago Press, 1988, pp. 319－338.

Gould, Stephen Jay, *Wonderful Life: The Burgess Shale and the Nature of History*, New York: W. W. Norton, 1989.

Greene, Joshua, "The Secret Joke of Kant's Soul," in Walter Sinnott-Armstrong, ed., *Moral Psychology: The Neuroscience of Morality*, Cambridge: MIT Press, 2008, pp. 35－79.

Greene, Joshua, "Beyond Point-and-Shoot Morality: Why Cognitive (Neuro) Science Matter for Ethics," in Mathew Liao, ed., *Moral Brains: The Neuroscience of Morality*, Oxford University Press, 2016, pp. 119－149.

Haidt, Jonathan, "The Emotional Dog and Its Rational Tail: A Social Intuitionist Approach to Moral Judgment," *Psychological Review*, Vol. 108, No. 4 (2001), pp. 814－834.

Haidt, Jonathan, "The Emotional Dog Learns New Tricks: A Reply to Pizarro and Bloom," *Psychological Review*, Vol. 110, No. 1 (2003), pp. 197－98.

Haidt, Jonathan and Fredrik Bjorklund, "Social Intuitionists answer six questions about moral psychology," in Walter Sinnott-Armstrong, ed., *Moral Psychology Vol. 2*, Cambridge, MA: MIT Press, 2008, pp. 181－217.

Hamilton, William D., "The Genetical Evolution of Social Behaviour I and II", *Journal of Theoretical Biology*, Vol. 7 (1964), pp. 1－16, 17－32.

Harris, Paul and MaríaNúñez, "Understanding of Permission Rules by Preschool Children," *Child Development*, Vol. 67 (1996), pp. 1572－1591.

Hoffman, Martin, "Conscience, Personality, and Socialization Techniques," *Human Development*, Vol. 13 (1970), pp. 90－126.

Hoffman, Martin, *Empathy and Moral Development: Implications for Caring and Justice*, Cambridge University Press, 2000.

Hume, David, *A Treatise of Human Nature: A Critical Edition*, David Fate Norton and Mary J. Norton, eds., Oxford: Clarendon Press, 1739/2007.

Hume, David, *An Enquiry Concerning the Principles of Morals*, Tom L. Beauchamp, ed., Oxford: Oxford University Press, 1751/1998.

Hutcheson, Frances, *An Inquiry Into the Original of Our Ideas of Beauty and Virtue in Two Treatises*, W. Leidhold, ed., Indianapolis, IN: Liberty Fund, 1725/2004.

Hutcheson, Frances, *An Essay on the Nature and Conduct of Passions, With Illustrations on the Moral Sense*, A. Garrett, ed., Indianapolis, IN: Liberty Fund, 1728/2002.

Huxley, Thomas Henry, *Evolution and Ethics: Delivered in the Sheldonian Theatre, May 18*, Cambridge: Cambridge University Press, 1893/2009.

Huxley, Thomas Henry and Julian Huxley, *Touchstone for Ethics 1893 -1943*. New York: Harper and Brothers, 1947.

Jacobson, Daniel, "Moral Dumbfounding and Moral Stupefaction," in Mark Timmons, ed., *Oxford Studies in Normative Ethics: Volume 2*, Oxford: Oxford University Press, 2012, pp. 289 - 316.

James, Williams, "What is an Emotion?" *Mind*, Vol. 9 (1884), pp. 188 - 205.

James, Scott M, *An Introduction to Evolutionary Ethics*, West Sussex: Wiley-Blackwell, 2011.

Joyce, Richard, *The Evolution of Morality*, Cambridge, MA: The MIT Press, 2006.

Kahane, Guy, "Intuitive and Counterintuitive Morality", in Justin D'Arms and Daniel Jacobson, eds., *Moral Psychology and Human Agency: Philosophical Essays on the Science of Ethics*, Oxford: Oxford University Press, 2014, pp. 9 - 38.

Kahneman, Daniel and Shane Frederick, "Representativeness revisited: attribute substitution in intuitive judgment," in T. Gilovich, D. Griffin, Daniel Kahneman, eds., *Heuristics and biases: the psychology of intuitive judgment*. Cambridge: Cambridge University Press, 2002, pp. 49 - 81.

Kamm, Frances, *Intricate Ethics: Rights, Responsibilities, and Permissible Harm*, New York: Oxford University Press, 2007.

Kamm, Frances, "Neuroscience and Moral Reasoning: A Note on Recent Research," *Philosophy & Public Affairs*, Vol. 37, No. 4 (2009), pp. 330 - 345.

Kant, Immanuel, *Grounding for the Metaphysics of Morals*, third edition, trans., James W. Ellington, Indianapolis: Hackett Publishing Company. 1785/1993.

Kant, Immanuel, *The Metaphysics of Morals*, trans., Mary Gregor, Cambridge: Cambridge University Press, 1797/1996.

Kauppinen, Antti, "Moral Sentimentalism," *The Stanford Encyclopedia of Philosophy* (Winter 2018 Edition), Edward N. Zalta, ed., https: //plato.stanford.edu/archives/win2018/entries/moral-sentimentalism/.

Keltner, Dacher, Jonathan Haidt, and Michelle N. Shiota, "Social Functionalism and Evolution of Emotions," in Mark Schaller, Jeffry A. Simpson, and

Douglas T. Kenrick, eds., *Evolution and Social Psychology*, New York: Psychology Press, 2006, pp. 115 - 142.

Kenny, Anthony, *Action, Emotion, and Will*, London: Routledge, 1963/2003.

Keltner, Dacher, Disa Sauter, Jessica Tracy, Alan Cowen, "Emotional Expression: Advances in Basic Emotion Theory", *Journal of Nonverbal Behavior*, Vol. 43 (2019), pp. 133 - 160.

Kitcher, Philip, "Biology and Ethics," in David Copp, ed., *The Oxford Handbook of Ethical Theory*, Oxford: Oxford University Press, 2006, pp. 163 - 85.

Kitcher, Philip, "Ethics and Evolution: How to Get Here from There," in Frans de Waal, Robert Wright, Christine M. Korsgaard, Philip Kitcher, and Peter Singer, *Primates and Philosophers: How Morality Evolved*, New Jersey: Princeton University Press, 2006, pp. 120 - 139.

Kohlberg, Lawrence, "From is to Ought: How to Commit the Naturalistic Fallacy and get away with it in the Study of Moral Development," in Theodore Mischel, ed., *Cognitive Development and Epistemology*, New York: Academic Press, 1971, pp. 151 - 235.

Kohlberg, Lawrence, *Essays on Moral Development Volume I: The Philosophy of Moral Development: Moral Stages and Ideas of Justice*, Cambridge: Harper & Row, Publishers, 1981.

Korsgaard, Christine, "Morality and the Distinctiveness of Human Action," in Frans de Waal, Robert Wright, Christine M. Korsgaard, Philip Kitcher, and Peter Singer, *Primates and Philosophers: How Morality Evolved*, New Jersey: Princeton University Press, 2006, pp. 98 - 119.

Lange, Carl George, "The emotions", in C. G. Lange & W. James, eds., trans., I. A. Haupt, *A series of reprints and translations. The emotions*, Baltimore: Williams and Wilkins Company, 1885/1922.

Lazarus, Richard, S., *Emotion and Adaptation*, New York: Oxford University Press, 1991.

Levy, Neil, "The Wisdom of the Pack", *Philosophical Explorations*, Vol. 9, Nol. 1 (2006), pp. 99 - 103.

Liao, S. Mathew, "Bias and Reasoning: Haidt's Theory of Moral Judgment," in Thom Brooks, ed., *New Waves in Ethics*, New York: Palgrave Macmillan, 2011, pp. 108 - 127.

Liao, S. Mathew, "Morality and Neuroscience: Past and Future," in S. Mathew Liao, ed., *Moral Brains: The Neuroscience of Morality*, New York: Oxford University Press, 2016, pp. 1 - 42.

Lyons, William, *Emotion*, Cambridge: Cambridge University Press, 1980.

Machery, Edouard and Ron Mallon, "Evolution of Morality," in John Doris, ed. , *The Moral Psychology Handbook*, Oxford: Oxford University Press, 2010, pp. 3 – 46.

Marks, Joel, "A Theory of Emotion," *Philosophical Studies*, Vol. 42, Nol. 2 (1982), pp. 227 – 242.

Mitani, John C. , and David P. Watts, "Why Do Chimpanzees Hunt and Share Meat?" *Animal Behaviour*, Vol. 61, Nol. 5 (2001), pp. 915 – 924.

Moore, George Edward, *Principia Ethica*, Cambridge: Cambridge University Press, 1903/1993.

Naab, Pamela and James Russell, "Judgments of Emotion from Spontaneous Facial Expressions of New Guineans," *Emotion*, Vol. 7 (2007), pp. 736 – 744.

Nichols, Shaun, *Sentimental Rules: On the Natural Foundations of Moral Judgment*, Oxford: Oxford University Press, 2004.

Nisbett, Richard E. and Dov Cohen, *Culture of Honor: The Psychology of Violence in the South*, Boulder: Westview Press, 1996.

Nagel, Thomas, "Ethics Without Biology," in *Mortal Questions*, Cambridge: Cambridge University Press, 1979, pp. 142 – 146.

Narvaez, Darcia, "The Social Intuitionist Model: Some Counter-Intuitions," in Walter Sinnott-Armstrong, ed. , *Moral Psychology Vol. 2*, Cambridge, MA: MIT Press, 2008, pp. 233 – 240.

Nucci, Larry, "Children's Conceptions of Morality, Social Conventions and Religious Prescription," in C. Harding, ed. , *Moral Dilemmas: Philosophical and Psychological Reconsiderations of the Development of Moral Reasoning*, Chicago: Precedent Press, 1986.

Nucci, Larry and Elsa K. Weber, "Social Interactions in the Home and the Development of Young Children's Conceptions of the Personal," *Child Development*, Vol. 66, Nol. 5 (1995), pp. 1438 – 1452.

Nucci, Larry, *Education in the Moral Domain*, Cambridge: Cambridge University Press, 2001.

Nussbaum, Martha, *Upheavals of Thought: The Intelligence of Emotions*, Cambridge: Cambridge University Press, 2001.

Nussbaum, Martha, "Emotions as Judgments of Value and Importance," in Robert Solomon, ed. , *Thinking about Feeling: Philosophers on Emotions*, New York: Oxford University Press, 183 – 199, 2004.

Pinker, Stephen, *The Language Instinct: How the Mind Creates Language*, Penguin Books, 1994.

Pizarro, David and Paul Bloom, "The Intelligence of the Moral Intuitions: Comments on Haidt (2001)," *Psychological Review*, Vol. 110, Nol

(2003), pp. 193 - 96.

Prinz, Jesse, "Embodied Emotions", in Robert Solomon, ed. , *Thinking about Feeling*: *Philosophers on Emotions*, New York: Oxford University Press, 2004, pp. 44 - 58.

Prinz, Jesse, 2006, "The Emotional Basis of Moral Judgment," *Philosophical Explorations*, Vol. 9, No. 1 (2006), pp. 29 - 43.

Prinz, Jesse, "Is Morality Innate?" in Walter Sinnott-Armstrong, ed. , *Moral Psychology Vol. 2*, Cambridge, MA: MIT Press, 2008, pp. 367 - 406.

Prinz, Jesse, *Beyond Human Nature*: *How Culture and Experience Shape the Human Mind*, New York: W. W. Norton & Company, 2012.

Prinz, Jesse and Shaun Nichols, "Moral Emotions," in John Doris and the Moral Psychology Research Group, *The Moral Psychology Handbook*, Oxford: Oxford University Press, 2010.

Railton, Peter, "Darwinian Building Blocks," in Leonard D. Katz, ed. , *Evolutionary Origins of Morality*: *Cross-Disciplinary Perspectives*, Bowling Green, OH: Imprint Academic, 2000, pp. 55 - 60.

Robarchek, Clayton A. and Carole J. Robarchek, "Cultures of War and Peace: A Comparative Study of Waorani and Seimai," in James Silverberg and J. Patrick Gray, eds. , *Aggression and Peacefulness in Humans and Other Primates*, New York: Oxford University Press, 1992, pp. 189 - 213.

Roberts, Robert, *Emotions*: *An Essay in Aid of Moral Psychology*, New York: Cambridge University Press, 2003.

Royzman, Edward B. , Kwanwoo Kim, Roobert F. Leeman, "The Curious Tale of Julie and Mark: Unraveling the Moral Dumbfounding Effect," *Judgment and Decision Making* Vol. 10, No. 4 (2015), pp. 296 - 313.

Ruse, Michael and E. O. Wilson, "Darwinism as Applied Science," *Philosophy*, Vol. 61 (1986), pp. 173 - 192.

Ruse, Michael, "Evolutionary Ethics Past and Present," in Philip Clayton and Jeffrey Schloss, ed. , *Evolution and Ethics*: *Human Morality in Biological & Religious Perspective*, Grand Rapids: William B. Eerdmans Publishing Co, 2004, pp. 27 - 49.

Russell, James, "Is There Universal Recognition of Emotion from Facial Expression? A Review of the Cross-Cultural Studies," *Psychological Bulletin*, Vol. 115, No. 1 (1994), pp. 102 - 141.

Scarantino, Andrea, "Insights and Blindspots of the Cognitivist Theory of Emotions," *British Journal for the Philosophy of Science*, Vol. 61, No. 4 (2010), pp. 729 - 768.

Shafer-Landau, Russ, "Evolutionary Debunking, Moral Realism and Moral Knowledge," *Journal of Ethics & Social Philosophy*, Vol. 7, No. 1

(2012), pp. 1 - 37.

Shaftesbury, Third Earl of (Anthony Ashley Cooper), "An Inquiry into Virtue and Merit," in D. Den Uyl, ed., *Characteristicks of Men, Manners, Opinions, Times*, Vol. 2, Indianapolis, IN: Liberty Fund, 1699 - 1714/2001, pp. 1 - 100.

Sidgwick, Henry, *The Methods of Ethics*, 7th ed. London: Palgrave Macmillan, 1907/1962.

Silverberg, James and J. Patrick Gray, eds., *Aggression and Peacefulness in Humans and Other Primates*, New York: Oxford University Press, 1992.

Singer, Peter, "Morality, Reason, and the Rights of Animals", in Frans de Waal, Robert Wright, Christine M. Korsgaard, Philip Kitcher, and Peter Singer, *Primates and Philosophers: How Morality Evolved*, New Jersey: Princeton University Press, 2006, pp. 140 - 158.

Smetana, Judith, "Preschool Children's Conceptions of Moral and Social Rules," *Child Development*, Vol. 52 (1981), pp. 1333 - 1336.

Smith, Adam, *The Theory of Moral Sentiments*, K. Haakonssen, ed., Cambridge: Cambridge University Press, 1759 - 1790/2002.

Sneddon, Andrew, "A Social Model of Moral Dumbfounding: Implications for Studying Moral Reasoning and Moral Judgment," *Philosophical Psychology*, Vol. 20, Nol. 6 (2007), pp. 731 - 748.

Sober, Elliot, *Philosophy of Biology*, Boulder: Westview Press, 2000.

Solomon, Robert C., "Emotions, Thoughts, and Feelings: Emotions as Engagements with the World," in Robert C. Solomon, ed., *Thinking about Feeling: Philosophers on Emotions*, New York: Oxford University Press, 2004, pp. 76 - 88.

Spencer, Herbert, 1851, *Social Statics; or the Conditions Essential to Human Happiness Specified and the First of Them Developed*. London: J. Chapman.

Spinrad, Tracy & Nancy Eisenberg, "Empathy and morality: a developmental psychology perspective," in Heidi Maibom, ed., *Empathy and Morality*, Oxford University Press, 2014, pp. 59 - 69.

Sripada, Chandra S., "Punishment and the strategic structure of moralsystems," *Biology and Philosophy*, Vol. 20 (2005), pp. 767 - 789.

Sripada, Chandra S., "Nativism and Moral Psychology: Three Models of the Innate Structure that Shapes the Contents of Moral Norms," in Walter Sinnott-Armstrong, ed., *Moral Psychology Volume 1: The Evolution of Morality: Adaptations and Innateness*, Cambridge MA: The MIT Press, 2008, pp. 319 - 343.

Stephen, Leslie, *The Science of Ethics*, London: Smith, Elder and Co, 1882.

Street, Sharon, "A Darwinian Dilemma for Realist Theories of Value," *Philosophical Studies*, Vol. 127, No1 (2006), pp. 109 - 166.

Tappolet, Christine, *Emotions, Values, and Agency*, Oxford: Oxford University Press, 2016.

Thomson, Judith Jarvis, "The Trolley Problem," *The Yale Law Journal*, Vol. 94, No. 6 (1985), pp. 1395 - 1415.

Tiberius, Valerie, *Moral Psychology: A Contemporary Introduction*, New York: Routledge, 2015.

Tooby, John, and Leda Cosmides, "The past explains the present: Emotional adaptations and the structure of ancestral environments," *Ethology and Sociobiology*, Vol. 11, No. 4 - 5 (1990), pp. 375 - 424.

Trickett, Penelope K., and Leon Kuczynski, "Children's Misbehaviors and Parental Discipline in Abusive and Non-abusive Families," *Developmental Psychology*, Vol. 22 (1986), pp. 115 - 123.

Turiel, Elliott, M. Killen, and C. Helwig, "Morality: Its Structure, Functions, and Vagaries," in *The Emergence of Morality in Young Children*, J. Kagan and S. Lamb, eds., Chicago: University of Chicago Press, 1987, pp. 155 - 244.

Vavova, Katia, "Evolutionary Debunking of Moral Realism," *Philosophy Compass* Vol. 10, No. 2 (2015), pp. 104 - 116.

Wielenberg, Eric J., "On the Evolutionary Debunking of Morality," *Ethics*, Vol. 120 (2010), pp. 441 - 464.

Wilson, Edward O., *Sociobiology: The New Synthesis*, Cambridge: Harvard University Press, 1975.

Woodward, James, and John Allman, "Moral intuition: Its neural substrates and normative significance," *Journal of Physiology-Paris*, Vol. 101, No. 4 - 6 (2007), pp. 179 - 202.

图书在版编目（CIP）数据

进化论视野下的情感与道德判断/蔡蓁著. 一上海：上海三联书店，2021.11
ISBN 978-7-5426-7516-3

Ⅰ. ①进… Ⅱ. ①蔡… Ⅲ. ①伦理学 Ⅳ. ①B82

中国版本图书馆CIP数据核字（2021）第169177号

进化论视野下的情感与道德判断

著　　者／蔡　蓁

责任编辑／徐建新
特约编辑／王焙尧
装帧设计／一本好书
监　　制／姚　军
责任校对／王凌霄

出版发行／上海三联书店
（200030）中国上海市漕溪北路331号A座6楼
邮购电话／021-22895540
印　　刷／上海展强印刷有限公司

版　　次／2021年11月第1版
印　　次／2021年11月第1次印刷
开　　本／890mm×1240mm　1/32
字　　数／180千字
印　　张／8.375
书　　号／ISBN 978-7-5426-7516-3/B·744
定　　价／70.00元

敬启读者，如发现本书有印装质量问题，请与印刷厂联系021-66366565